Sudetenland ohne Sudetendeutsche 1945-1963- 2023

Die unglückliche Mariane
und das Leid der Vertriebenen

Jan Jaroslav Sneyd

Möge diese kleine Geschichte vor allem der heutigen Generation die schreckliche Zeit nach dem Zweiten Weltkrieg etwas näherbringen und zeigen, wie wichtig der Frieden und die Verständigung für das Zusammenleben zwischen den verschiedenen Nationalitäten und Nationen ist….

Jan Sneyd, Beuren 2024

Bibliografische Information der Deutschen Nationalbibliothek;
Die Deutsche Nationalbibliothek verzeichnet diese Publikation
In der Deutschen antionslbibliografie; detaillierte
Bibliografische Daten sind im Internet über dnb.dnb.de abrufbar.

© 2024 Jan Jaroslav Sneyd

Verlag: BoD • Books on Demand GmbH, In de Tarpen 42,
22848 Norderstedt

Druck: Libri Plureos GmbH, Friedensallee 273, 22763
Hamburg

ISBN: 9783759735980

WIDMUNG

<u>In Erinnerung an meine Lehrer und Doktorväter</u>

Herrn Reinhold von Sengbusch, Prof.Dr.h.c.mult., Pflanzenzüchter (geb. 1898 in Riga, gest. 1985 in Hamburg)

Herrn Eduard von Boguslawski, Prof.Dr.h.c.mult., Pflanzenbauer, (geb.1905 in Köthen/Anhalt, gest. 1999 in Rauischholzhausen)

und an die **vertriebenen Sudetendeutschen nach 1945**

Foto: Altfriedhof in Nürtingen 2023

Sudetengebiete (Sudetenland) nach «Münchner Abkommen 1938» - bis 5/1945

(schraffiert, Sudeten-Archiv und div. Quellen, vereinfacht)

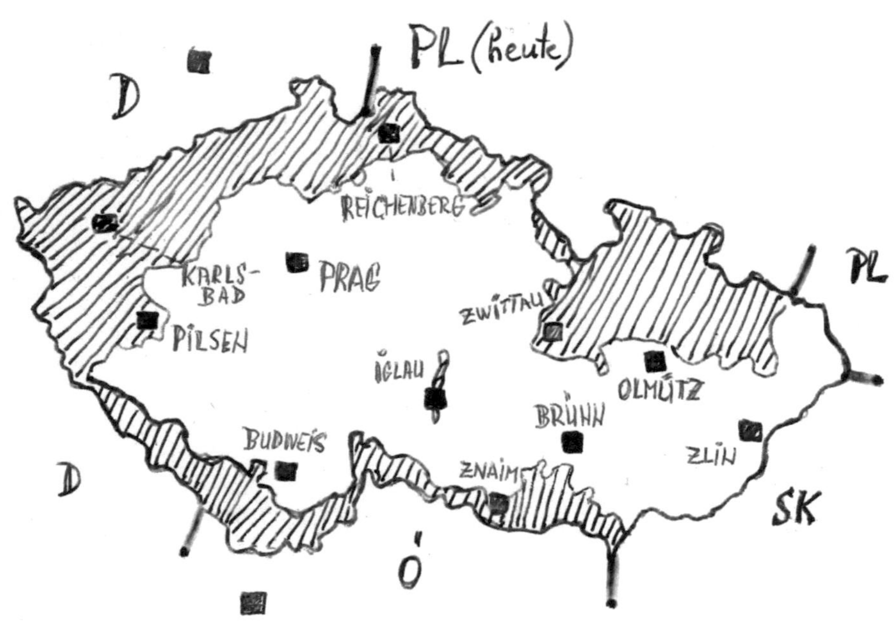

Erst an meinem 80. Geburtstag bemerkte ich, wie schnell die Zeit vergeht. Erstaunlicherweise tauchen dabei auch einige alte Ereignisse auf, die aus heutiger Sicht doch wichtig erscheinen. So auch die Erinnerungen an meinen Aufenthalt 1963 im ehemaligen Sudetenland. Dadurch entstand auch diese kleine Geschichte, zu der ich dankenswerterweise einige Empfehlungen und Tipps von meinen Söhnen Jan und Patrik bekommen habe. Mein Vorteil - denke ich - dabei ist, dass ich die Ereignisse und Bewertungen der damaligen traurigen Ereignisse aus der Sicht eines damals direkt und indirekt betroffenen **Doppelstaatlers** weitergeben kann...

Möchte auch diese Erzählung zu der weiteren Verständigung zwischen den beiden Nationen (Tschechen und Deutsche) und zu zusätzlichen Informationen aus der Zeit vor und nach der Vertreibung der Sudetendeutschen 1945 aus der damaligen Tschechoslowakei beitragen.
                                        Jan Sneyd, Beuren

Česká republika po květnu 1945

(Tschechische Republik nach 5/1945)

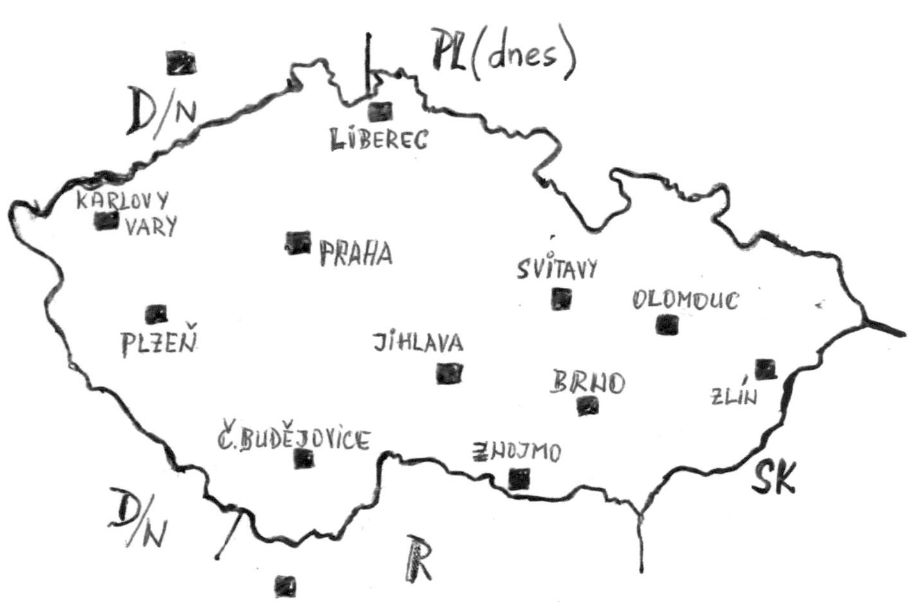

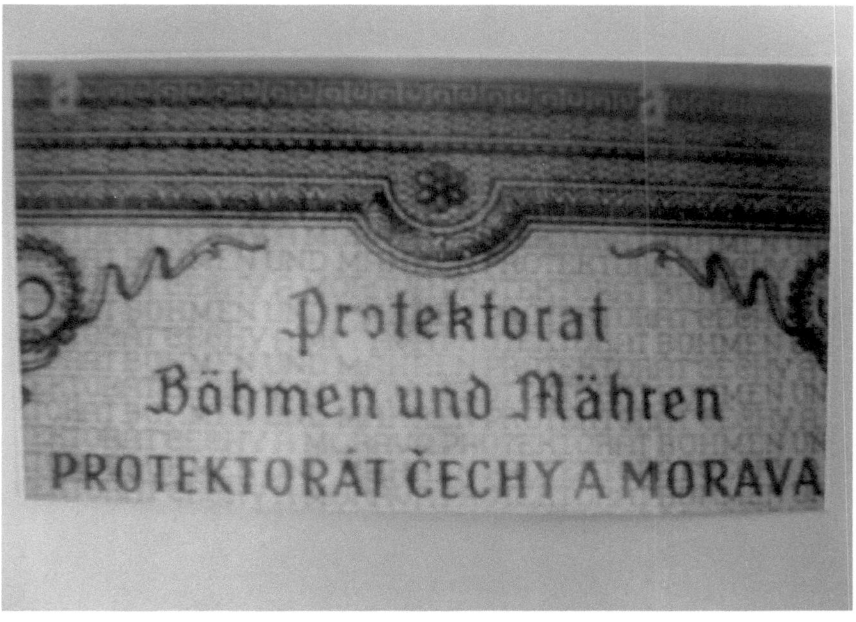

Protektorat
Böhmen und Mähren
PROTEKTORÁT ČECHY A MORAVA

Mährische Walachei

Eine kulturelle ethnografische Region im Osten von Mähren- an der Grenze zur Slowakei. Europaweit bekannt durch das Freilichtmuseum Roznov/ Rad.

<u>Sudetenland ohne Sudetendeutsche 1945–1963–2023</u>

Einige Wochen nach meiner **Diplomierung an der Hochschule für Landwirtschaft Brünn** zum Ing. agr. stand ich vor dem Nichts. Der Grund dafür war der damalige Beschluss der kommunistischen Regierung, nach dem Hochschul-Absolventen – wie ich – nach der Beendigung des Studiums eine zugewiesene Arbeitsstelle anzutreten hatten. Bei mir war es die Stelle als Abteilungsleiter der „Tierischen Produktion" im Staatsgut K., im ehemaligen Sudetenland. Und genau das hatte ich nicht vor. Genauer gesagt, war diese Zuweisung der letzte und entscheidende Grund, um bald zu versuchen, aus diesem politisch-kommunistischen System während des baldigen Militärdienstes als Simulant auszusteigen.

Das war so: Die Zeit des Nichtstuns hatte ich damals in der Walachei in der unmittelbaren Nähe der <u>Talsperre Bystřičky</u> (Klein Bistriz) verbracht. Diese Talsperre und Aufenthalt dort war für uns (Aussteiger, Tramper, Waldläufer, Kameraden…) damals (1963) etwas ganz Besonderes. Es bedeutete eine Unterbrechung des grauen sozialistischen Alltags, es bedeutete Treffen unter Freunden mit Grillen, Wanderungen in den schönen Mischwäldern, Burgruinen und Lagerfeuern mit Bier und den typischen mährischen «Špekáčky» (Grillwürste). Man traf hier viele Gleichgesinnte, man LEBTE! Dort haben wir wochenlang mit alten und neuen Freunden und Kumpels (manche kamen nur an den Wochenenden) gebadet, abends auf der Gitarre gespielt und gesungen, viel Bier getrunken und in Zelten oder zerfallenen Hütten im Heu geschlafen.
Es war Sommer.

Tschechische Republik
DEUTSCHLAND
Dresden
POLEN
PRAG
Brünn
Hauptstadt
Bezirkshauptstadt
Bezirksgrenze
wichtige Straße
Chemnitz
Liberec
(Reichenberg)
Gablonz
(Jablonec nad Nisou)
Bez. Liberec
Trutnov
Königgrätz
(Hradec Králové)
Bez. Hradec Králové
Karlsbad
(Karlovy Vary)
Bez. Ustí
Kladno
Mladá
Boleslav
Mělník
PRAG
(Praha)
Kolin
Pardubice
(Pardubitz)
Sumperk
Bez.
Ostrava
Karviné
(Karviná)
(Opava)
Ostrau
(Ostrava)
Karlovy
Vary
Böhmen
Chrudim
Bez. Svitavy
Bez.
Olomouc
Olmütz
(Olomouc)
Frýdek
Mistek
Pilsen
(Plzeň)
Příbram
Mittelböhm
Bez
Pardubice
Havlíčkuv Brod
Prostějov
Přerov
Bez. Plzen
Domažlice
Tábor
Iglau
(Jihlava)
Bez Jihlava
Brünn
(Brno)
Bez Zlin
Zlin
Regensburg
Strakonice
Bez. Budejovice
Budweis
(České Budějovice)
Třebíč
Znojmo
Bez. Brno
Břeclav
SLOWAKISCHE
REPUBLIK
Passau
ÖSTERREICH
0 25 50 km

(Q2)

SOUTĚŽE PEKSÚN
MLÝN SRÁZ

10

Zu den Hits gehörte damals «Stacheldraht»:

Chtěl jsem s tebou krásné dítě mít,
chtěl jsem tě mít rád – ted ale -
dělí nás ostnatý drát...
(Ich wollte mit Dir ein schönes Kind haben,
ich wollte Dich lieben, doch jetzt –
trennt uns der Stacheldraht...)

Das war eines der eigentlich verbotenen (bzw. unerwünschten) Lieder im „real existierenden Kommunismus", denn seine Botschaft war klar: der Traum vom Reisen und vom Leben in fremden westlichen und exotischen Ländern. Es war eine Anspielung auf die streng überwachte Grenze zu den sogenannten «kapitalistischen Ländern» wie Westdeutschland und Österreich. Aber der absolute Hit an unseren Lagerfeuern in diesem Jahr war das **Lied von dem blinden Juraj**. An dem letzten Abend vor meiner Abreise dachte ich, dass es kein schöneres und gleichzeitig traurigeres tschechisches Lied geben kann - doch das war ein Irrtum. Nur einige Wochen später hörte ich in einer Dorfkneipe im äußersten Westen von Tschechoslowakei ein noch traurigeres und gewaltigeres Lied.

Es war das **Lied von der unglücklichen Mariane** – ich hörte es später im Sudetenland, in dem aber keine Sudetendeutsche mehr lebten, denn sie wurden 1945/46 nach dem verlorenen Zweiten Weltkrieg von der Tschechoslowakischen Regierung gnadenlos vertrieben. Man nannte es tschechisch ODSUN (abschieben, vertreiben) – nach den sogenannten BENEŠ-DEKRETEN. Eduard Beneš war Präsident der Tschechoslowakei bis 1938 und dann erneut ab dem Mai 1945 und hatte diese Dekrete durchgesetzt.

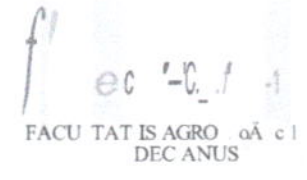

... erst nach der ‚Samtenen Revolution 1989 wurde «meine» ‚Hochschule für Landwirtschaft Brünn' – hier links –in die **«Mendel-Universität Brünn»** *umbenannt.*

An diesem Abend auf «Bystřičky» – das Lagerfeuer erlosch nach und nach und vom Wasser kam ein kühler, frischer Wind –herrschte Stille, absolute Stille. Alle Anwesenden spürten, dass so ein Abend nur selten im Leben kommt…

Dann war alles zu Ende und wir gingen nach und nach in eine leerstehende Heuscheune und in einige unverschlossene Hütten. Der Himmel war kristallklar und der Vollmond leuchtete mit einer Kraft, die Milliarden Tonnen Meereswasser bewegte… und da spürte und wusste ich definitiv, dass dies die letzte Nacht in dem Lebensabschnitt **«Student und Absolvent der Hochschule für Landwirtschaft Brünn»** gewesen war. Wir konnten in dem scharf riechenden Heu nicht einschlafen, sprachen leise über unerfüllte Träume, Glück, Leiden, Leidenschaft, Regenbogen, über Nebensonnen und die Mutterstraße; ich wünschte, dass diese Nacht nie zu Ende ginge, weil ich überhaupt keinen Plan für die Zukunft hatte.

Die ganze restliche Nacht kreisten in meinen Träumen die Ereignisse der letzten Jahre aus dem Leben in der damaligen sozialistischen ČSSR – der Tschechoslowakischen Sozialistischen Republik…:

<u>WIE WAR DAS DAMALS</u> in Böhmen und Mähren, wie lebte man (um 1963) in diesem sozialistischen Land, in dem die einzige existierende politische Kradr «Kommunistische Partei» hieß und zusammen mit ihrem Polizeiapparat und der STASI (Geheime Staatssicherheit = tschechisch StB) das Land regierte und die Menschen überwachte? Das spürte man schon als Kind und Student. Beispielsweise gab es in jeder Stadt und dort in fast jeder Straße einen «Důvěrník» (Vertrauensmann), der über alle besonderen und

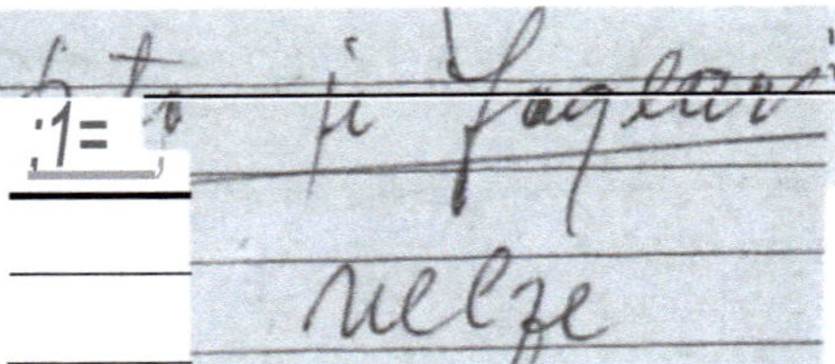

Text *inzeratu:*

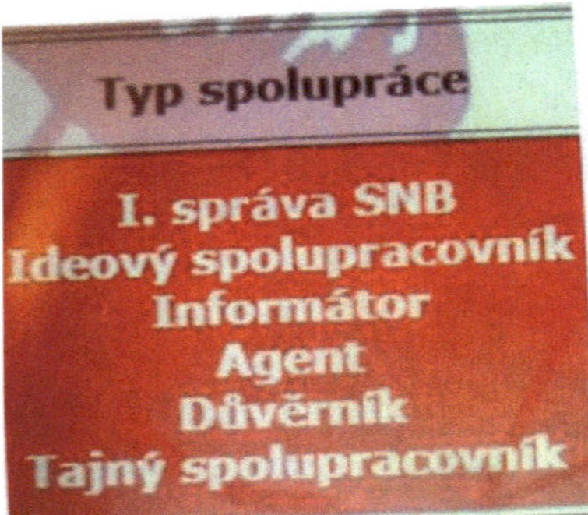

... erst nach der «Samtenen Revolution» 1989 konnte ich in Prag vieles über die Überwachung und Bespitzelung unserer Familie erfahren ... Oben: Die Zensur hat sogar ein klassisches Kinderbuch von J. Foglar verboten_!_

ARCHIV der STASI (StB/ FSZ S) betreff Jan S.- und des (MV)-Innenministerium (HSR- Hauptverwaltung) Prag

verdächtigen Ereignisse seine Bespitzelungen über die Nachbarn schriftlich und mündlich der StB meldete.

Es ist schwierig, in einigen Sätzen alles auszudrücken und zu beschreiben, was man in diesen Jahren gemacht, getan und gefühlt hat; wie jeder Mensch erlebte man als Kind, Jugendlicher, Student und Erwachsener schöne und weniger schöne Tage. Doch die kommunistische Diktatur, Überwachung und Unfreiheit spürte man in den grauen, oft langweiligen Tagen ständig. Besonders schlimm war damals beispielsweise die ZENSUR. Praktisch alles stand unter der Kontrolle der kommunistischen Regierung und ihrer StB. Bei mir war das Studium an der «Hochschule für Landwirtschaft, Agrarfakultät in Brünn» (die wenige Bewerbungen hatte) aus politischen Gründen (unsere Familie galt als unzuverlässig, weil meine Mutter Edith aus der sudetendeutscher Familie Wolff stammte) die einzige Möglichkeit, überhaupt irgendeine Hochschule zu absolvieren.

Das war bei mir auch einer der Gründe, ein wenig Freiheit auf häufigen Autostopp-Reisen zu suchen; oft war ich damals in Bergen, Städten, Steinbrüchen, Wäldern und zu Freunden unterwegs…

<u>Doch – WIE ENTSTAND</u> am 28. Oktober 1918 der Staat Tschechoslowakei (tschechisch ČESKOSLOVENSKO, slowakisch: ČESKO-SLOVENSKO bis 1920, auch *Masaryk-Republik*, oder *Die Erste Republik* genannt)**?** <u>Das war so</u>: nach dem verlorenen ERSTEN Weltkrieg zerfiel bekanntlich die mächtige Habsburger Monarchie (genannt auch Donau-Monarchie, Doppelmonarchie, Österreich-Ungarn Monarchie – zu der auch Böhmen, Mähren, Schlesien und die Slowakei gehörte) - in mehrere Staaten. So konnte 1918 der erste (!) völlig unabhängige Staat der Tschechen, Mähren, Schlesier und Slowaken (mit einer Minderheit Deutscher, Ungarn, Ukrainern, Polen und Roma) entstehen.

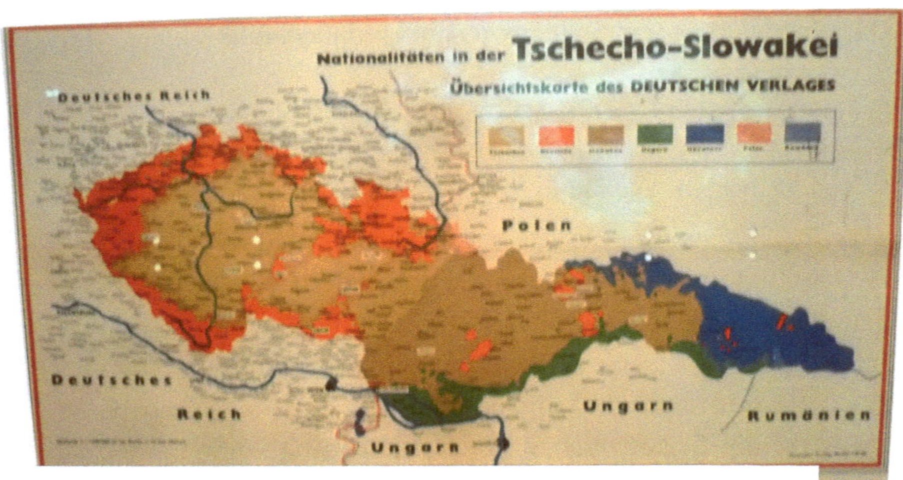

Q 8b /"Erste" Tschechoslowakei, ca 1938, Ü-Karte
Deutscher Verlag, free Lizenz //archive/org u.a. (M.Pozdziora)

Im Geschichtsunterricht – nach 1948 – erfuhren wir über diese *Erste Republik* aber kaum Näheres; selbst den Namen des ersten Republik Präsidenten und wichtigsten Mitbegründer der Tschechoslowakei - Tomáš Garrigue Masaryk – erwähnte man nur selten, genauso wie die unbefriedigende rechtliche und politische Lage der großen deutschen Minderheit.

UND WIE LANGE gab es diese ERSTE Republik?

Sie existierte in den Grenzen 1918 eigentlich nur bis 1938. Nach der Abgabe/ Eingliederung der (von der Mehrheit der Deutschen bewohnten) ersten Sudetengebiete am 30.10.1938 an das «Dritte Deutsche Reich» (MÜNCHNER ABKOMMEN 1938!) folgte einige Monate später (nach Androhung von militärischer Gewalt und Zerstörung von Prag durch die Wehrmacht…) auch die Besetzung des restlichen Staatsgebietes Böhmen und Mähren, sowie Teilschlesien – allerdings ohne die SLOWAKEI, welche sich von der Republik überraschend und unerwartet getrennt hatte.

So entstand am 16.3.1939 das «**Protektorat Böhmen und Mähren**» - auch «**Reichsprotektorat Böhmen und Mähren**» genannt, in dem ich 1940 geboren wurde. (*Unmittelbar danach wurden die tschechischen Universitäten und Hochschulen geschlossen!*). Das Protektorat existierte dann aber nur bis zur Kapitulation des Deutschen Reiches am 8. Mai 1945. **Im gleichen Monat** wurde dann wieder die «alte» Tschechoslowakei - in den Grenzen von 1938 – neu ausgerufen. Danach wurde durch mehrere **Dekrete** des Präsidenten Beneš beschlossen – insgesamt waren es 143 Dekrete, darunter 12, die direkt die Enteignung, Entrechtung und Vertreibung der allermeisten Bürger deutscher und (in der Slowakei) auch ungarischer Nationalität regelten.

Der erste Präsident der Tschechoslowakei im Jahre 1918: Tomáš Garrigue Masaryk (1850-1937)

<u>**UND WIE GING ES DANN WEITER?**</u>

Im Jahre 1948 übernahmen überraschenderweise Kommunisten (mit kräftiger Mithilfe der sowjetischen «Berater») durch einen Putsch die Macht im Lande. Die Zeit des grauen Alltags unter den Kommunisten und der StB (STASI) begann. Es wurde praktisch alles unter die Kontrolle der Kommunisten gebracht, sogar der Religionsunterricht an den Grundschulen wurde abgeschafft und Jugendorganisationen wie die Pfadfinder verboten. *(Diese schlimme Periode endete erst Ende 1989 durch die sogenannte SAMTENE REVOLUTION).* Und in diesem Land lebte ich nach der Beendigung des Studiums im Jahre 1963 – und wusste nicht, wie es weitergehen sollte oder könnte. Durch einen UKAZ (Gesetz/ Befehl/ Verordnung) mussten nämlich die Hochschul-Absolventen wie ich dorthin gehen, wohin es die Kommunistische Partei anordnete.

Am nächsten Morgen stand ich bereits vor Sonnenaufgang auf der Landstraße unter der Talsperre Bystřičky und wartete als Anhalter auf eine Mitnahme. Ohne ein festes Ziel zu haben… **Was nun?** Ich stand vor der ersten schwersten Entscheidung in meinem Leben: entweder die mir aufgezwungene Arbeitsstelle auf dem riesigen Staatsgut K. bei Franzensbad anzutreten oder nach Brünn, Zlin oder Prag zu fahren und dort mein Glück bei Freunden oder Verwandten zu versuchen. Überall konnten natürlich Probleme mit der Arbeitsgenehmigung, Unterbringung und Finanzierung des Lebensunterhalts entstehen. Ach jee… Nachdenken brachte keine Lösung. Ich überließ es deshalb dem Zufall:
Meine Mutterstraße – mein Schicksal – sollte alleine entscheiden.

Eine <u>tschechoslowakische Autokarte</u> im Jahre 1963; Interessant: die grenznahen Gebiete (Namen der Straßen und Ortschaften) wurden verfälscht, um eine Flucht in den Westen zu erschweren!

Da das erste angehaltene Auto in Richtung Stadt Přerov fuhr, (damals konnte man so über Vyškov erstmal nach Brünn fahren) war alles klar: ich würde die Arbeitsstelle im Pohraničí (tschechisch für Grenzgebiet / Sudetenland) unweit des Franzensbades erstmal doch antreten. Eine richtig lange Strecke wartete auf mich – von Bystřičky bis in den äußersten Westen der Tschechoslowakei waren es nämlich fast **500 Kilometer**! Sie führte vom äußersten OSTEN von Mähren - von dem slowakisch-mährisch-schlesischen Gebiet - bis zu der westlichsten böhmischen Grenze (nahe Eger/Cheb) zu der Bundesrepublik Deutschland. Mähren und Böhmen sind bekanntlich nicht besonders groß - trotzdem musste ich mit zwei ganzen Reisetagen rechnen.

UND so fuhr ich per Autostopp los…

Ich fuhr zuerst durch das Land Mähren, in dem bereits vor Tausenden und Abertausenden Jahren die Neandertaler und Cromagnonmenschen lebten, das Land, welches in der Bronzezeit durch den Stamm der Keltischen Boier von der Eisen- und Römerzeit dünn besiedelt war, das Land, welches die Slawischen Stämme (in Böhmen war es nach einer Saga Stamm des Praotec Čech ((Urgroßvater Tschech)) im 5.Jahrhundert entdeckt und besiedelt hatten, das Land, welches nach dem Fluss Mähren (Morava) benannt wurde, das Land, in dem im 9. Jahrhundert das **Großmährische Reich** entstand und später christianisiert wurde. Ich fuhr durch das Land Mähren (ursprünglich Markgrafschaft Mähren), welches ab dem 11. Jahrhundert zu den **Ländern der BÖHMISCHEN KRONE** zählte, ich fuhr durch das Land, in dem seit 1526 bis 1918 die HABSBURGER regierten, ich fuhr durch das Land, in dem Menschen wie MENDEL,

*Ursprüngliches Wappen von Böhmen und das spätere kommunistische. **Unten**: an dieser Kloster-Stelle stand das später berühmteste Gewächshaus der Welt...*

22

FREUD, JANÁČEK, BATA, KOMENSKÝ, MASARYK, ZÁTO-PEK, PALACKÝ… gelebt haben, ich fuhr Richtung Brünn, der schönen Hauptstadt von Mähren.

BRÜNN (BRNO) - eine Stadt, in der Gregor Mendel lebte, ein Abt, welcher die bahnbrechende Entdeckung der VERERBUNG durch die Gene in einem kleinen Garten machte (welche von der kommunistischen Regierung später als Lügengeschichte diffamiert wurde) - eine Stadt, in der ich bis Mai 1963 studierte.

Von Brünn aus reiste ich weiter Richtung tschechoslowakische Hauptstadt **PRAG/ PRAHA)**. Nach einigen Stunden fuhr ich dann als Beifahrer in einem LKW über die unsichtbare «Grenze» zwischen Mähren und Böhmen – in das **Land Böhmen**, in dem Jahrhunderte auch die Dynastie der tschechischen PŘEMYSLIDEN (bekannt durch den Kult des Heiligen Wenzels) herrschte und die Stadt PRAG zum Zentrum des **Heiligen Römischen Reiches** wurde.

Ich durchquerte dieses früheren **Königreich Böhmen** (Regnum Bohemiae, tschechisch: **Království České)**, ein Königreich, in dem die Wappen des Böhmischen Löwen wehten. Es war das Land, in dem Jan Hus lebte und lehrte (bis 1415), ein Land, in dem im Mittelalter Pest, Hussitenkriege und Dreißigjähriger Krieg tobte und wo im Jahr 1620 am Weißen Berg die Katholiken die Protestanten besiegten. Ein war Land, in dem die Dynastien der Jagellonen, Luxemburger und Habsburger regierten (bis 1918), das Land, in dem die Kaiserin MARIA THERESIA auch die Königin von Böhmen wurde.
Ich fuhr durch das Land Böhmen, berühmt durch den böhmischen König UND den römischen Kaiser **Karl dem IV.**, dem sogenannten

*Die **Königskrone** des Heiligen Wenzels in Prag; für Karl IV. 1347 angefertigt. Aufbewahrt im Veitsdom/ Hradschany (Hradčany).*

Urheber: K. Pacovsky, 15.5.2016 (https://commons.wikimedia.org)

*Die **Moldau (Vltava)**, sagenhafter böhmischer Fluss, weltbekannt durch den Komponisten Bedřich Smetana*

(als 2.Teil von «Mein Vaterland»)

Vater der tschechischen Nation und Gründer der ersten deutschen Universität nördlich der Alpen. Ich durchquerte das Land, in dem im 19. Jahrhundert die Geburt der gemeinsamen NATION TSCHE-CHIEN in Böhmen, Mähren und Schlesien mit gleicher tschechischer Sprache gefeiert wurde, ein Land, in dem früher weltbekannte Menschen wie SMETANA, DVOŘÁK, NĚMCOVÁ, ŽIŽKA, HAVEL, WERICH, HUS… früher lebten.

Es war das Land Böhmen und Mähren, in dem die Tschechen im Jahre 1921 die Mehrheit mit 6,6 Millionen Menschen stellten, gefolgt von den Deutschen mit 3,2 Millionen, 2 Millionen Slowaken, siebhunderttausend Ungarn, fünfhunderttausend Ukrainern, dreihunterttausend Juden, hunderttausend Polen und einer Minderheit von Roma und Sinti. Es war das Land, in dem am 28.10.1918 – nach dem Zerfall der Habsburger Monarchie – der unabhängige **Staat Tschechoslowakei** aus den Ländern Böhmen, Mähren, Teilschlesien und Slowakei ausgerufen wurde.

- -

Nach einigen Fahrstunden erschienen am Horizont die berühmten Türme der «Goldenen Stadt» **Prag und der Hradčín** mit dem Regierungs- und Präsidentensitz. In dem weltberühmten VEITSDOM wird dort noch heute die **Krone der Böhmischen König**e aufbewahrt. ČESKÉ KRÁLOVSTVI (das BÖHMISCHE KÖNIGREICH) existierte bereits im Jahre 1085! Ich fuhr und lief durch PRAG und sah das Nationaltheater, der Stolz der Tschechen (Národní divadlo, erbaut 1883), ich sah die Stelle im Stadtviertel Letná, an der unweit vom Fluss Moldau bis 1962 das weltgrößte STALIN-Denkmal stand.

Königreich Böhmen
(Kralovstvi Česke 1182-1918)

Kronländer der Böhmischen (1348-1918)

Heiliges Römisches Reich (1198-1806)

Kaisertum Österreich (1804-67)

Österreich -Ungarn (1867-1918)

(Quelle: Wikipedia - Böhmen)

Heiliger Wenzel-Denkmal - mit Portrait von Václav Havel...

Der Wenzelsplatz in Prag war oft Zeuge der wichtigsten tschechischen Ereignisse!

(Interessant: die Sprengung fand auf Anordnung der neuen Regierung in der Sowjetunion 1962 statt, nachdem der verstorbene STALIN als Diktator und Kultfigur bezeichnet wurde. Noch interessanter: in der tschechischen Politik hat sich auch danach praktisch bis zum Prager Frühling Anfang 1968 NICHTS geändert. Die unbeliebten «Steinzeitkommunisten» regierten mit Hilfe der Geheimpolizei StB weiter wie bisher).

Es war bereits Spätnachmittag – für eine Weiterreise ziem- lich ungünstig. Deshalb beschloss ich, den riesigen und be- rühmten Wenzelsplatz von oben (von der berühmten Statue des Heiligen Wenzels auf einem Pferd) bis zum unteren Ende, zum MŮSTEK, durchzulaufen. Es war schon etwas sonderbar: kürzlich noch als Student und jetzt auf dem Weg zu der überhaupt ersten Arbeitsstelle. Eine Arbeitsstelle, welche ich eigentlich nie antreten wollte. Doch nun war es anders – ich hatte keine zweite Option. Mit Einbruch der Dunkelheit hatte ich schließlich eine Holzbank in dem Vinohrady-Park bezogen und bin friedlich eingeschlafen (das war kaum gefährlich; viele Tramper und «Rucksacktouristen» machten es damals so).

Am nächsten Frühmorgen (nachdem ich die Zähne mit frischem, aber kaltem Tau gereinigt hatte) stand ich bereits an der Ausfallstraße hinter Prag und stoppte Richtung Marienbad. Nach einigen Stunden befand ich mich an der praktisch unsichtbaren östlichen **Grenze vom Sudetenland**, das man hier früher auch **«Deutsch-Böhmen»** nannte.

Q4

Alle Sudetendeutschen mit Wohnsitz in den Sudeten-
gebieten wurden nach dem „Anschluss" an das Reich
deutsche Staatsbürger (20.11.1938). Nach der Errichtung
des Protektorats Böhmen und Mähren folgten auch
die übrigen Sudetendeutschen (20.4.1939). Q1

Protektorat Böhmen und Mähren

<u>Anmerkung</u>: Die Größe und Grenzen der Sudetengebiete
(<u>Titelseite</u>) sind natürlich nicht maßstabgetreu angegeben

Im März 1938 erfolgte auf Druck Hitlers die Einverlei-
bung Österreichs in das Deutsche Reich. Die politische
Spitze der SdP betrieb hierauf die Abtretung der
Sudetengebiete an das Deutsche Reich. Die Regierung
in Prag war zu spät zu Zugeständnissen für eine
sudetendeutsche Autonomie bereit. Im Karlsbader
Programm vom 24.4.1938 bekannte sich die SdP offen
zum Nationalsozialismus.

Das SUDETENLAND! – was wusste ich von diesem riesigen
Gebiet an den Grenzen von Böhmen, Mähren und Schlesien, einem Gebiet, in dem bis 1945 etwa 3,5 Millionen Deutscher lebten
(zu den Sudetendeutschen zählten vor allem Deutschböhmen,
Deutschmährer und Deutschschlesier), ein Gebiet, welches nach
der Vertreibung 1945 mehreren Regionen der damaligen Tschechoslowakei (Böhmen und Mähren) zugeschlagen wurde.

*(Begriff Sudetenland = eigentlich sind die «Original»-Sude- ten
nur ein bergiges und waldreiches Gebiet im Norden von
Böhmen, Mähren und Schlesien. Bereits vor tausenden Jah- ren
auch durch die Kelten besiedelt und Soudeta (=Wild-
schweingebirge – Sudeten) genannt. Doch später übernahm
man den Begriff SUDETENLAND als eine allgemeine Bezeichnung für viele tschechische, mährische und schlesische
Gebiete mit überwiegend deutschsprachiger Bevölkerung -
Franz Jesser 1902).*

Bereits im 12. Jahrhundert kamen die deutschsprachigen Menschen von Bayern, Sachsen und weiteren Ländern (mit ihren jewei-
ligen Deutsch-Dialekten und Bräuchen) in die Grenzgebiete hierher – und zwar nach der Einladung der herrschenden Geschlechts
PŘEMYSLIDEN. Und so lebten in den **Kronländern des König-
reiches Böhmen** (und damit auch in Mähren und Teilschlesien) die
späteren Nationalitäten Tschechen (etwa zwei Drittel der Bevölkerung) und Deutsche (etwa ein Drittel) überwiegend friedlich mitei-
nander. Besonders die Deutschen gründeten hier viele Städte und
Industrie, während manche Tschechen meistens Bauern waren und
deshalb überwiegend auf dem Lande lebten.

Die «**Münchener Beschlüsse**» gehören noch heute zu den schlimmsten und schmerzhaftesten Erfahrungen der tschechischen Nation. Sie führten zur Abspaltung des Sudetenlands und der Besetzung des Tschechischen Republik. <u>Oben</u>: neben der Kopie der Beschlüsse die erste zweisprachige überstempelte Briefmarke mit T.G. Masaryk und der Stadt Zlin. Die tschechische Währung blieb, aber: sie war völlig unter der Nazi-Kontrolle, wie auch die Wirtschaft. Die Nazis beschlagnahmten auch große Teile der Militärausrüstung.

Doch - wie kam es dazu, dass sich diese beiden großen Nationalitäten nach Jahrhunderten gemeinsamer, meistens fruchtbaren Geschichte ab dem **19. Jahrhundert** nach und nach entfremdet hatten? Richtig schlimm wurde es nach 1930, denn im benachbarten Deutschland kamen die Nationalsozialisten an die Macht und durch die Volkszählung in den 30er Jahren tendierte die sudetendeutsche Mehrheit Richtung Deutschland. Das war auch der Hauptgrund für den späteren «**Anschluss**» dieser deutschsprachigen Grenzgebiete (der größte Teil kam als «Gau Sudetenland») an das Großdeutsche Reich bereits im Jahre 1938.

Der Beschluss und Entscheidung des **MÜNCHNER ABKOMMENS** (29.9.1938) trafen die Länder Italien, Frankreich und Großbritannien. (*Bem.: Das Abkommen fand keine Zustimmung der tschechoslowakischen Regierung in Prag; deshalb trat Präsident Beneš am 5.10.1938 zurück und verließ das Land. Sein Nachfolger Hácha wurde ab 15.3.1939 im «**Protektorat Böhmen und Mähren**» nur noch als Marionette betrachtet. Die neue tschechoslowakische Exilregierung formierte sich erst später in London).*

Die Sudetendeutschen wurden zu Staatsangehörigen des Deutschen Reiches, also Reichsdeutsche. <u>Interessant:</u> vorher besaßen sie tschechoslowakische Pässe und waren de facto tschechoslowakische Staatsangehörige. Die friedliche tschechische Bevölkerung, die im Sudetenland lebte (etwa 10% der Gesamtbevölkerung) wurde nach dem «Anschluss» größtenteils vertrieben. Lediglich mehrere zehntausend Tschechen (zum Beispiel in den gemischten Familien) durften bleiben. Es dauerte nicht lange und die restliche ČSR (ohne Slowakei) wurde von der Deutschen Wehrmacht ebenfalls militärisch besetzt.

GENERALPLAN OST 1942

Dieser «Plan» sah - nach den Plänen der Nationalsozialisten die Aussiedlung und Vertreibung von Polen, Ukrainern, Weißrussen, Tschechen ... aus ihren angestammten Gebieten nach Sibirien vor. Ein neuer «Lebensraum» für die Deutschen sollte gewonnen werden.

Impfschein
Očkovací prükaz
eine der gesetzlichen Pflicht gen
Pockenschutz-Erstimpfung.

Mit dem „Anschluss" des Sudetenlandes an das Deutsche Reich und der Errichtung des Protektorats Böhmen und Mähren begann auch in diesen Gebieten die gezielte Verfolgung und Ermordung von Menschen aus politischen, religiösen und rassistischen Gründen.

Ziel der Nationalsozialisten war die vollständige „Eindeutschung". Hierzu sollte die tschechische Bevölkerung zu je einem Drittel „germanisiert", vertrieben oder ermordet werden. Zum Symbol dieser Gewaltherrschaft wurde die Vernichtung der Dörfer Lidice und Ležáky im Juni 1942 nach dem Attentat auf Reinhard Heydrich.

Der rassistisch motivierte Terror richtete sich insbesondere gegen Juden und Roma. Insgesamt fielen ihm in Böhmen, Mähren und Sudetenschlesien etwa 125000 Menschen zum Opfer, darunter rund 80000 Juden und 6000 Sinti und Roma.

Q1

Bekanntmachung

Allen bisherigen Warnungen und Strafandrohungen zum Trotz haben in letzter Zeit wiederum einige verantwortungslose und verbrecherische Elemente die Parolen des Londoner und Moskauer Rundfunks befolgt und versucht, sog. „Nationalausschüsse" zu bilden, Waffen zu beschaffen und durch Flugblattagitation friedliche Kreise des tschechischen Volkes im staatsfeindlichen Sinne zu beeinflussen oder sogar zur Auflehnung gegen die Staatsgewalt aufzurufen.

Folgende von den Sondergerichten bei den Deutschen Landgerichten in Prag und in Brünn wegen ihres reichsfeindlichen Verhaltens zum Tode Verurteilten sind hingerichtet worden:

Josef Bilovsek	aus Radotin	geb. am 20. Januar 1918
Jan Bures	aus Bolevets	geb. am 21. Juli 1913
Karel Bures	aus Pilsen	geb. am 14. April 1901

Noch am Tage der Kapitulation des Deutschen Reiches am 8.5.1945 hingen im «Protektorat» solche Bekanntmachungen...

Am 16.3.1939 erklärte man es zum **Protektorat Böhmen und Mähren**.

Das **Protektorat** sollte nach dem Willen der deutschen Nationalsozialisten vollständig germanisiert werden; unzählige Tschechen sollten vertrieben und umgesiedelt werden. Dafür wurde der sogenannte deutsche **Generalplan** erstellt, welcher eine Umsiedlung und Vertreibung von vielen Tschechen sowie Polen, Ungarn und anderen nach Sibirien vorsah

Es muss aber an dieser Stelle erwähnt werden, dass die Sowjetunion (UdSSR, STALIN) auch zwischen 1940 bis 1945 etwa zwei Millionen eigener «unzuverlässiger» Bürger - darunter auch die sogenannten Russlanddeutschen – vor allem nach Sibirien und in den Osten und Süden des riesigen Reiches umgesiedelt hatte.

Die Entwicklung in diesem Protektorat hatte in den folgenden Jahren für die Tschechen und Mähren schlimme Folgen. Von 1939 bis 1945 wurden zehntausende politische Gegner und verdächtige Bewohner zu Opfern des nationalsozialistischen Regimes, darunter bekanntlich auch unzählige Juden und Roma, die in die Konzentrations- und Vernichtungslager kamen, nur weil sie Juden und Roma waren.

Doch die weitere Entwicklung verlief später auch für die Sudetendeutschen nicht erfreulich. Nach nur einigen Monaten wurden nämlich die jungen sudetendeutschen Männer (als nun Reichsdeutsche) zum Militär berufen und mussten in den **Zweiten Weltkrieg** ziehen, welcher 1939 mit dem Überfall auf Polen begann (etwa 0,5 Millionen Soldaten waren es, von denen jeder Dritte nicht mehr zurück nach Hause kam!).

Millionen deutscher junger Männer wurden im Zweiten Weltkrieg geopfert; manche ruhen bis heute in fremder Erde. Nur noch die Grabsteine (hier auf dem Altfriedhof in Nürtingen) tragen heute ihre Namen ...

Bei dem **POTSDAMER ABKOMMEN** stand bekanntlich nicht nur das Thema VERTREIBUNG auf der Tagesordnung. Die Bedeutung dieser Beschlüsse war weit größer, denn es handelte sich auch um die **Neuordnung der Europa** nach dem 2. Weltkrieg. So wurden beispielsweise die **neuen Ländergrenzen** vor allem in Osteuropa abgestimmt, die vier Zonen für die Besetzung von Deutschland (und Berlin) durch die Alliierten (USA, Großbritannien, Sowjetunion und auch Frankreich) festgelegt, **Reparationen** vorgeschlagen ... und vor allem in den sogenannten «5 D»: **Denazifizierung/ Demilitarisierung/ Dezentralisierung/ Demontage/ Demokratisierung** Deutschlands (und des wiederexistierenden Österreichs) festgeschrieben.

Und es wurde immer schlimmer – nach dem Überfall der Sowjetunion 1941 und in den weiteren Kriegsjahren starben weltweit – bis Mai 1945 – etwa 60 bis 70 Millionen Menschen (die meisten in der Sowjetunion), darunter mehr als fünf Millionen deutsche Soldaten und Zivilisten.

Es war der schrecklichste Krieg der Menschheitsgeschichte !

- -

Dann kam 1945 die deutsche Niederlage – die Sowjets und Anglo-Amerikaner siegten – und die Rache und Abrechnung der Sieger begann. Bereits während des Krieges hatten nämlich Beratungen zwischen der tschechischen Exil-Regierung und den Alliierten über das weitere Schicksal der Deutschen aus südlichen, östlichen und anderen Gebieten.

Das Ergebnis dieser Verhandlungen war das im August 1945 beschlossene **POTSDAMER ABKOMMEN**. Es sah die Umsiedlung und Vertreibung von Millionen Deutschen aus West-Polen, Ungarn, Schlesien, Pommern, Preußen, Jugoslawien, Rumänien, Ungarn, dem Sudetenland sowie weiteren Kleingebieten und Städten von Böhmen und Mähren. Geplant war zwar eine «ordnungsgemäße und humane Weise», doch sie verlief nicht gut.

Es kam es zu FLUCHT, EVAKUIERUNG, ZWANGSUMSIEDLUNG UND ABSCHIEBUNG von unzähligen Menschen. Insgesamt flüchteten etwa 12 bis 14 Millionen vertriebenen Deutschen (die meisten kamen direkt nach Westdeutschland, vier Millionen zunächst nach Ostdeutschland in die sowjetische Zone, aus der dann etwa zwei Millionen nach Westdeutschland flüchteten), weitere drei Millionen in die amerikanische, etwa 3,2 Millionen in die britische und französische Zone). Manche flüchteten bis nach Dänemark, England, Schweden, Belgien, Niederlande, Frankreich, Schweiz, Italien, Südafrika…

Es war eine wahre Odyssee für Millionen von Menschen!

SPIEGEL
Ausgabe 6 | 2023
Vergangenheit kennen, Gegenwart verstehen
GESCHICHTE
Erinnerungen
Warum die Flucht aus
Schlesien noch nachwirkt
Schicksale
Was deutsche Waisen
in Polen erlebten
Modellstadt
Wie Vertriebene in
Ostwestfalen neu anfingen
Verlorene
Heimat
Flucht und Vertreibung:
Hitlers Krieg und die Folgen

Die damaligen **Flüchtlingsströme** in die Richtungen WEST und OST waren buchstäblich gigantisch, manchmal kreuzten sie sich oder bewegten sich gleichzeitig in gegenseitigen Richtungen. So wurden zum Beispiel viele Ukrainer aus der Sowjetunion in den Westen in die neuen polnischen – früher deutschen – Gebiete umgesiedelt, Millionen von russischen und anderen **Zwangsarbeitern** (am Ende des Krieges waren es 7,5 Millionen + unzählige Kriegsgefangene + zahlreiche ehemalige Häftlinge aus den Konzentrationslagern) aus Deutschland marschierten in ihre ursprünglichen Heimatländern bzw. in die von Polen und Sowjetunion neu besetzten Gebiete zurück; die wenigen überlebenden Juden kamen teilweise nach Oberbayern und Tschechien, um dann später doch Richtung Israel aufzubrechen… Noch heute ist das Schicksal der deutschen Waisenkinder in Ostpreußen, Schlesien und Pommern nur unvollständig geklärt. **Es sind 14 Millionen Einzelschicksale**, die eine Gänsehaut und schlaflose Nächte zur Folge haben können...

- -

Um eine bessere Vorstellung über sie zu bekommen, empfiehlt sich u.a. die Lektüre mehrerer individueller menschlichen Schicksale aus dieser Zeit zum Beispiel im **SPIEGEL, HEFT 6/2023: Verlorene Heimat** zu finden (siehe S. 36). Die ersten Fluchtbiografien haben bereits im Winter 1944/45 mit der Flucht aus OSTPREUSSEN und POMMERN begonnen. Besonders hart traf die Vertreibung ab 1945 und 1946 die Sudetendeutsche – denn ihr gesamtes Hab und Gut wurde von der tschechischen Regierung beschlagnahmt und verstaatlicht (= sogenannte Enteignungen und Rechteentzug durch die **Beneš-Dekrete).** Die armen und völlig mittellosen Flüchtlinge sollten ihre angestammte Heimat nie wiedersehen. Die Folgen des Zweiten Weltkrieges waren unbeschreiblich schrecklich.
Europa: KONTINENT der VERTREIBUNGEN, sagte man.

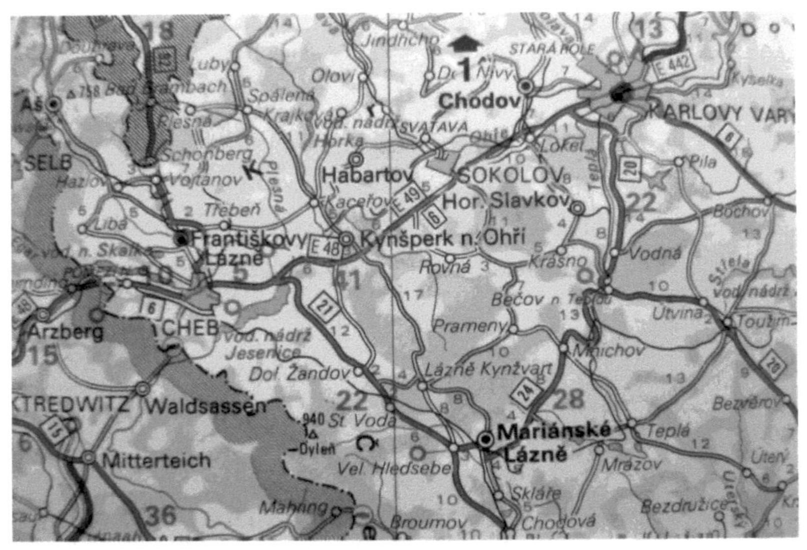

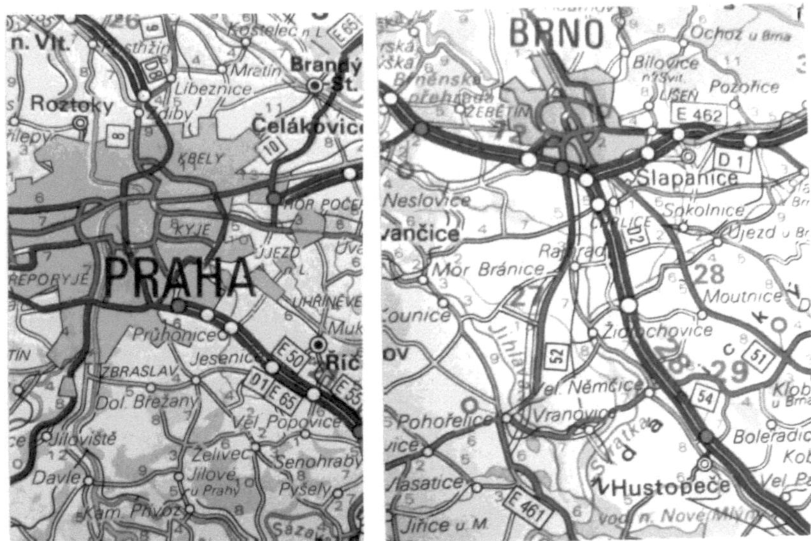

*Das «Bäderdreieck» Karlsbad / Marienbad/ Franzens-
bad, sowie Prag und Brünn (Q: Autokarte 2012)*

38

Bereits am zweiten Autostopp-Tag erreichte ich gegen Mittag Marienbad; von dort fuhr ich als Motorradbeifahrer Richtung Franzensbad und dann weiter zu Fuß zum Dorf K. Am **Spätnachmittag** war ich endlich am Ziel. Auf mehreren Außenstellen des Staatsgutes warteten bereits hunderte Kühe, Kälber, abertausende Hühner, unzählige Schweine und die Verwaltung des Staatsgutes auf den frischgebackenen Ing. Jan Sneyd.

Weil der Neubau mit den Wohnungen für die Beschäftigte des Staatsgutes am Ortsrand (in dem auch ich später eine kleine Wohnung bekommen sollte) noch nicht fertig war, fragte man mich, ob ich bis auf weiteres in einem seit 1945 leerstehendem Haus am Rande des Dorfes mein Quartier nehmen könnte. Da es die einzige, aber zumindest eine interessante Alternative war, stimmte ich gerne zu, und bezog bereits am späten Abend als einziger Bewohner ein Zimmer im Erdgeschoss des leeren Bauernhauses.

Begleitet und dabei ausführlich informiert wurde ich dabei von einem freundlichen **Roma namens Istvan**, dessen Arbeitsstelle ich nach einer Einarbeitung übernehmen sollte. Er merkte beim Einquartieren in das große Bauernhaus, in dem sonst niemand wohnte, meine Überraschung und erzählte deshalb gleich, dass die zuerst angeworbenen Familien aus dem wirtschaftlich schwachem ostmährischem und slowakischem Gebiet kamen. Doch nicht viele aus dieser ersten Neubesiedlungswelle blieben auf Dauer. Manche wollten nach einiger Zeit doch zurück in die ihnen vertraute und kulturell besser bekannte ursprüngliche Heimat.

Wie sich später herausgestellt hat, war es ein großes Glück, dass ich die Stelle nach Istvan annehmen sollte, denn er gehörte (mit seiner Großfamilie) zu den ersten tschechoslowakischen Staatsan-

Die Not der Vertriebenen war groß; man war glücklich, falls man überhaupt eine Kochnische oder einen Schlafplatz gefunden oder bekommen hatte.

(hier:Freilichtmuseum Beuren, *Haus aus Aichelau, in dem nach der Vertreibung 1945 viele Flüchtlinge lebten...*

Laut amtlicher Statistiken wohnte noch im Jahre 1950 die *Hälfte der deutschen Vertriebenen nach 1945 in behelfsmäßigen Unterkünften wie Scheunen, Bunkern, Depots, Zelten, Dachgeschossen, Fabrikräumen ...*
Politische Maßnahmen wie Lastenausgleich und Wohnungsbauförderung ermöglichten aber bald den Vertriebenen, sich mit Fleiß und Eigeninitiative eine neue Heimat zu schaffen. Der Umzug aus der Baracke oder dem Notquartier ins eigene Heim markierte den Beginn einer neuen bürgerlichen Existenz. Mit ihrer Arbeitskraft und etlichen Firmengründungen leisteten die Heimatvertriebenen bald einen erheblichen Beitrag zum deutschen Wirtschaftswunder.

40

gehörigen, die bereits nach der Herrichtung der Tschechoslowakei hierherkamen. Man nannte sie allgemein und in den Zeitungen: **Die Neusiedler!**

Man hatte ihnen Arbeitsplätze versprochen, sowie gute Bezahlung und Wohnräume. Denn das von den Deutschen zurückgelassene Vieh musste betreut werden, die Äcker besät, die vielen Industriebetriebe wie Holz- und Glasindustrie, Ziegeleien und Bergwerke sollten wieder produzieren. Dafür brauchte man neue und frische Arbeitskräfte.

<u>Interessant:</u> Nicht alle Deutschen wurden nach dem Krieg abgeschoben und vertrieben; es gab einige Ausnahmen. Besonders die hochqualifizierten Fachleute mussten zwangsweise bleiben, um die Tschechen einzuarbeiten – im Dorf Bergen/ Südmähren war es beispielsweise eine Winzerfamilie. Manche wurden deshalb jahrelang in Arbeitslagern festgehalten.
Denn auch die im Krieg teilweise zerstörte Infrastruktur musste nach dem **Weggang und Abschiebung von Millionen Sudetendeutschen** wieder «funktionieren». Man brauchte dringend Arbeitskräfte, denn viele ehemals deutsche Gebiete, Dörfer und Städte wurden damals de facto entvölkert. Alles, was die Deutschen in Jahrhunderten aufgebaut haben – alles, was sie für ihre Kinder und Enkelkinder geschaffen und für sie hinterlassen wollten, stand plötzlich leer. Das entstandene VAKUUM sollte um jeden Preis aufgefüllt werden. Dafür brauchte dann die kommunistische Regierung mehrere Anläufe, denn nicht viele «Neusiedler" blieben.
Dass dies eine der furchtbarsten Tragödien des Zweiten Weltkrieges war, ahnte ich damals, aber erst durch den monatelangen

Angesichts der Hoffnungslosigkeit durch die öffentliche Drangsalierung flohen viele Sudetendeutsche im Frühsommer und Sommer 1945 aus ihrer Heimat über die grüne Grenze. Vor der regulierten Vertreibung 1946 fanden zwischen Mai und September 1945 die „wilden Vertreibungen" statt. Sie waren zwar behördlich angeordnet, aber in der Regel nicht organisiert. Etwa 800 000 Menschen wurden dabei vertrieben.

(Q 1)

Zwölf Millionen Menschen kamen nach 1945 aus den deutschen Siedlungsgebieten Osteuropas in den Westen. Sie waren als Folgen des Nationalsozialismus und des Zweiten Weltkrieges vertrieben worden oder flohen vor Verfolgung. Mehr als 850.000 Menschen wurden in Baden, Württemberg-Baden und Württemberg-Hohenzollern, dem heutigen Baden-Württemberg, aufgenommen.

Aufenthalt im Dorf K. aus Erzählungen, Diskussionen, Gesprächen, schriftlichen Unterlagen und später auch durch eigene Erfahrungen als anerkannter Vertriebener (UND Doppelstaatler) konnte ich erst später richtig verstehen.

- - - - - - - - - - - - - - - - - - -

In den folgenden Wochen und Monaten erzählte Istvan vieles, was hier geschehen war; alles war für mich interessant:

Ich hörte von der Flucht mancher Sudetendeutscher bereits vor Ende des Krieges, welche nach den unglaublichen Schrecken des Krieges von den Siegern und aufgebrachter tschechischen Bevölkerung nichts Gutes zu erwarten hatten…

Ich hörte von sogenannten **«wilden Vertreibungen»**, die bereits vor der Kapitulation des Deutschen Reiches folgten – etwas mehr Glück hatten die Flüchtlinge, die in die anglo-amerikanische Zone flüchteten oder direkt an der Grenze lebten. Diese spontane und oft gewaltsame Vertreibungen vieler Deutscher nach 1945 (man schätzt die Zahl dieser ersten Flüchtlinge auf etwa 1 Million) dauerten bis zum Spätherbst 1945. Erst dann folgten einigermaßen humanere und geordnete Abschiebungen (durch die **POTSDAMER KONFERENZ** angeordnete) von über 2 Millionen sudetendeutscher Menschen.

Ich hörte von den staatlich organisierten – und doch teilweise brutalen – VERTREIBUNGEN aller deutschsprachigen Menschen aus den Grenzgebieten Böhmen, Mähren, Schlesien und den Städten wie Brünn, Olmütz, Prag, Aussig…, die bis Ende 1946 stattgefunden hatten. Lediglich die im Krieg vom Nazi-Regime Verfolgte und Widerstandskämpfer durften mit ihren Familien im Sudetenland bleiben und ihr Eigentum behalten.

SONNTAGSBLATT (Prag, 6.5.1945):
Es lebe die Tschechoslowakische Republik!
MITBÜRGER! Das Ende des Krieges naht; die Macht werden
tschechische Nationalausschüsse bald übernehmen. Alle Bürger
müssen die Anordnungen beachten; die Produktion muss weiter
gehen. Nur Ordnung garantiert weitere optimale Entwicklung.
Gesamtes Hab und Gut unserer Feinde ist National-Eigentum.
Plünderungen und Zerstörungen werden strengstens bestraft.

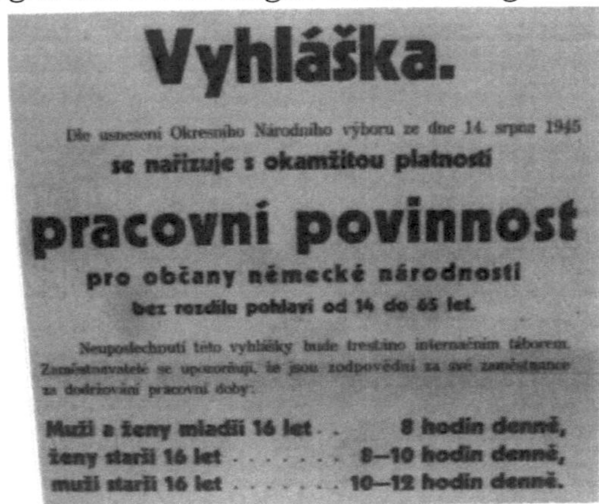

BEKANNTMACHUNG.
National-Ausschuss (Stadt) Opava: 14.8.1945:
Ab sofort gilt die Arbeitspflicht für alle (verbliebene) Bürger
deutscher Nationalität; alle Personen ab 14-65 Jahre zwischen 8-12
Stunden/Tag sollen arbeiten.

44

Dass diese Menschen doch nicht glücklich wurden, beweist die Tatsache, dass viele später doch auswanderten (bekannt z.B. als «Spätaussiedler»).

Ich hörte von der Entrechtung und Besitzbeschlagnahmung der bereits staatenlosen Deutschen (<u>Bem</u>.: durch die Beneš-Dekrete begründet), ich hörte von verwilderten Haustieren, die niemand fütterte…

Ich hörte von Plünderungen der unzähligen im Sudetenland verlassenen Häusern und Wohnungen (trotz amtlicher Verbote und Warnungen) durch die Tschechen und Mähren.

Ich hörte von verzweifelten Frauen, Kindern und Alten, die bei der Vertreibung meistens nur 25 kg Gepäck mitnehmen durften und die dann per Zug, Bus, Schiff oder zu Fuß das Heimatland Sudeten nach 1945 verlassen mussten.

Ich hörte von der Verhaftung und Internierung einiger deutscher Soldaten, die aus der Kriegsgefangenschaft zurück in ihre Dörfer und Städte kamen, in der naiven Hoffnung, ihre Familien zu finden um hier dann wie früher weiterzuleben.

Ich hörte von der ZWANGSARBEIT mancher verbliebenen arbeitsfähigen Deutschen und der Internierung von Alten, Frauen und sogar Kindern in Arbeits- und Erziehungslagern.

Und auch vom MILOUSCH, dem Veterinär in der Abteilung Tierische Produktion, welcher hierher aus Südmähren bereits Anfang 1946 kam, um einen landwirtschaftlichen Hof zu erwerben und zu bewirtschaften, erfuhr ich hochinteressantes; was er nicht mal geahnt hat, war die Tatsache, dass ab Februar 1948 die Verstaatlichung aller landwirtschaftlichen und sonstigen privaten Fach- und Handwerksbetriebe von den nun regierenden Kommunisten

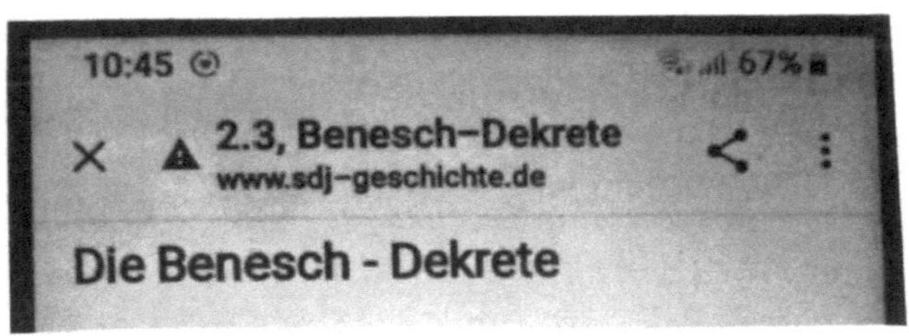

Die Benesch - Dekrete

Die Grundlage für die kollektive Vertreibung und Entrechtung von Deutschen und Ung[arn] bildeten die sogenannten Beneš-Dekrete, benannt nach dem tschechoslowakischen [Staats]präsidenten Edvard Beneš. Zwischen 1940 und 1945 hatte Beneš 143 Dekrete erlassen, wovon 15 die Entrechtung und Enteignung der Deutschen und Ungarn zum Gegenstan[d] hatten. Sie wurden im März 1946 von der tschechoslowakischen Provisorischen Nationalversammlung rückwirkend gebilligt und haben noch heute Gesetzeskraft.

- *In Sammellagern in der Tschechoslowakei wurden die Personen namentlich erfasst. Die Transporte erfolgten mit der Eisenbahn in Vieh- und Güterwaggons. In der Regel bestand ein Transport aus 40 Waggons zu je 30 Insassen. Auch Schiffe und LKWs dienten als Transportmittel. Die Mitnahme von persönlichem Besitz war auf zunächst 30 kg, später auf 50 bis 70 kg beschränkt. Sowohl im Sammellager als auch unmittelbar vor dem Abtransport wurden nochmals Wertgegenstände abgenommen (**Q1**).*

beschlossen wurde. **Kollektivierung** nach sowjetischem Muster, hieß es. Er war erstaunlicherweise auch geschichtlich gut informiert und so hörte ich ihm öfters aufmerksam zu:

Ich erfuhr von ihm vieles über den zeitlichen und technischen Ablauf der Vertreibungen 1946 (tschechisch ODSUN) über die Handgreiflichkeiten, Beschimpfungen und Übergriffe gegen die Flüchtlinge. In manchen Orten war es aber ganz schlimm; der Hass hatte teilweise alle Hemmungen fallen lassen, es kam – wie in Brünn, Prag, Usti/L. und Prerov – zu tödlichen Exzessen und Lynchjustiz.

Ich erfuhr, dass bereits am 21.11.1938 ALLE größeren deutschsprachigen Gebiete in Böhmen, Mähren und Teilschlesien mit dem Deutschen Reich vereinigt wurden (Münchner Abkommen). Auch die Deutschen in mehreren Städten wurden zu Reichsbürgern. Obwohl eigentlich Begriff Sudetenland (der größte Teil der deutschsprachigen Gebiete in der Tschechoslowakei im Westen, Norden und Osten) ursprünglich NUR für den **GAU Sudetenland** galt. Die übrigen deutschsprachigen Gebiete kamen verwaltungstechnisch zu Provinz Schlesien (Hultschiner Ländchen im Norden von Mähren), die Gebiete in Südböhmen und Südmähren zum Reichsgau Nieder- und Oberdonau, sowie Regierungsbezirk Niederbayern und Oberpfalz (am 15.4.1939).

Ich hörte von den Vertreibungen und Leiden der Deutschen in Südböhmen und Südmähren – die an der Grenze zu Österreich lebten (auch von Verwandten) – denn die vorrückende Rote Armee betrachtete diese Gebiete als feindliches Reichsgebiet. **Milousch erzählte** mir vom tschechoslowakische **Lagersystem**, welches nach dem Krieg hergerichtet wurde und aus Arbeits-,

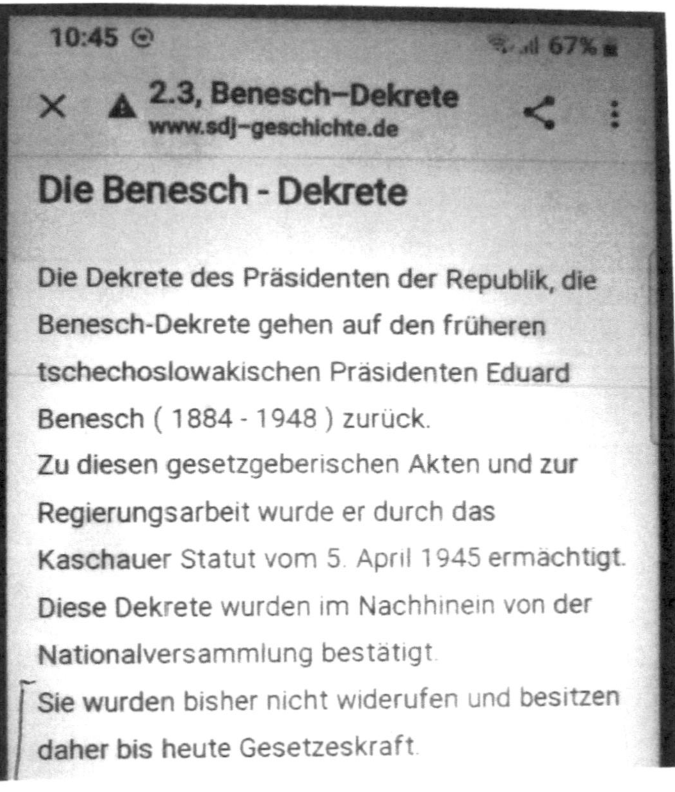

ACHT der Beneš-Dekrete betrafen u.a. direkt die Deutschen, die im Krieg die REICHSBÜRGER-SCHAFT angenommen haben. Die allermeisten wurden deshalb ausgebürgert (ca. 2,9 Millionen Menschen) und vertrieben. Deren privates Eigentum wurde restlos verstaatlicht bzw. konfisziert. Besonders die Dekrete Nr 5/1945// 12/1945// 33/1945// 71/1945// und 108/1945 (Auch ENTZUG der ČSR- Staatsangehörigkeit war hart

48

Internierungslagern und Gefängnissen bestand, in denen nach dem Krieg fast 350.000 Deutsche manchmal jahrelang eingesperrt wurden.

Ich hörte von ihm einiges über das sogenannte Amnestiegesetz (Nr.115/46) der Beneš-Dekrete, mit dem nicht nur die erwähnten spontanen Übergriffe an den Vertriebenen legalisiert wurden, sondern praktisch auch alle übrigen schweren und sogar schwersten Verbrechen und Misshandlungen an Deutschen.

Er klärte mich auf über den Inhalt der zahlreichen **Beneš-Dekrete**, über die Zwangsarbeit (betraf auch Frauen ab 15! Jahren) der inzwischen staatenlosen Deutschen, über die Konfiszierung des gesamten landwirtschaftlichen Bodens (Dekret Nr. 12) und der Regelung der Neubesiedlung durch tschechische, slowakische und slawische Landwirte, Fach- und Hilfskräfte, Konfiszierung des feindlichen (deutschen) Vermögens (Dekret Nr.108), der Beschlagnahmung der deutschen Bankguthaben, Wertpapieren und Kunstgegenständen… Sogar die Auflösung der Evangelischen Kirche – durch Vermögensentzug (Dekret Nr.131), und die Auflösung der Deutschen Universität Prag, ebenfalls durch Vermögensentzug (Dekret Nr. 122) fanden statt.

(Interessant: Insgesamt waren es 143 DEKRETE (die Präsident Beneš unterschrieben hat, deshalb auch die Bezeichnung: Beneš-Dekrete). Sie beschäftigten sich nicht nur mit der Vertreibung, sondern auch der staatlichen Kontinuität der neuen Tschechoslowakischen Republik in den alten Grenzen und Regelung des öffentlichen Lebens dem Kriegsende 1945).

Diese traurige Angelegenheit und Problematik ist bis heute – auch nach dem internationalen Recht – juristisch nicht restlos geklärt und deshalb äußerst kompliziert…

„Neue Heimat, fern der Heimat"

Die Einrichtung des Hauses zeigt den Zustand um 1957, als die letzten Bewohner, das Ehepaar Habisohn, darin lebten. Johanna und Johann Habisohn waren Sudetendeutsche, die nach 1945 aus der damaligen Tschechoslowakei (heute Tschechien) vertrieben wurden. Sie fanden auf der Ulmer Alb eine neue Heimat. Bis 1984 bewohnt die verwitwete Johanna Habisohn das Haus.

Zwölf Millionen Menschen kamen nach 1945 aus den deutschen Siedlungsgebieten Osteuropas in den Westen. Sie waren als Folgen des Nationalsozialismus und des Zweiten Weltkrieges vertrieben worden oder flohen vor Verfolgung. Mehr als 850.000 Menschen wurden in Baden, Württemberg-Baden und Württemberg-Hohenzollern, dem heutigen Baden-Württemberg, aufgenommen.

Info-Tafel vor dem Haus aus Weidenstetten; Freilichtmuseum 72660 Beuren

Schlimm waren die Folgen der Vertreibungen auch später: Nirgendwo waren die Deutschen nach der Flucht willkommen (denn es mussten für sie oft private Wohnräume beschlagnahmt werden), oft wurden sie beschimpft, weil sie – anders als die einheimischen Protestanten – beispielsweise Katholiken waren, andere Bräuche hatten (zum Beispiel zahlreiche Trachtenvereine), aus anderen Sozialschichten und Umgebungen kamen, weil sie mit einem anderen Dialekt sprachen, eine andere Berufsstruktur hatten und in manchen Arbeitsgebieten Konkurrenz für die Einheimischen bedeuteten. Durch Kälte und Hunger in den Nachkriegsjahren litten auch viele Flüchtlinge, vor allem Alte, Kranke, Frauen und Kinder. Manche Einzelschicksale waren erschüttert und oft an den Grenzen der menschlichen Würde. Es war damals besonders im zerbombten Deutschland und Österreich schwierig, Fuß zu fassen und eine neue Existenz aufzubauen.

Den Begriff **WILLKOMMENSKULTUR** gab es damals nicht.

Jahrelang dauerte es, bis der NEUANFANG, Neuaufbau und die volle Eingliederung der Flüchtlingskinder und Kindeskinder gelang…

- - - - - - - - - - - - - - - - - -

Das Haus, in das ich eingezogen war, war zwar sehr alt, aber solide gebaut – allerdings seit 1946, nach der Vertreibung der letzten deutschen Bauernfamilie W. leer. Ihre Vorfahren hatten vermutlich seit Jahrhunderten hier gelebt, wie die Grabinschriften auf dem Friedhof nahelegten. Doch nun waren sie weg. **HEIM INS REICH**, hieß es von den Tschechen gehässig. Zwar wurde bereits vor einiger Zeit versucht, das Haus

FOTO oben: in der Zeit vor und kurz nach dem 2. Weltkrieg waren «3 Generationen in einem Haus» keine Seltenheit (hier: Großfamilie Altmann/ Taus).

Haus aus Weidenstetten («Vertriebenen Haus» 1945-1957). Das kleine Wohnzimmer erinnerte mich 2023 sehr stark an «mein» damaliges Haus im Dorf K. im J. 1963!

als Behelfsunterkunft für die neu angekommenen Arbeitskräfte einzurichten. Als erstes sollte hier eine Großfamilie aus der armen, rückständigen katholischen Region in Ostmähren – der Walachei – unterkommen. Diese Gegend, die besonders durch ihre Schafzucht, viele Zwetschgenbäume, Bienenzucht, sowie den Pfarrer und Schriftsteller Jan Karafiát, Autor des weltbekannten Märchenbuches die **Käfer** (Broučci) und den weltberühmten Waldroggen, der Grünfutter für die Schafe und Körner fürs Brot lieferte, bekannt. Doch sie wehrte sich vehement gegen die Unterbringung in diesem alten und verlassenen Haus; «*Es bringt kein Glück, auf Unglück anderer Menschen aufzubauen*» meinten sie und zogen lieber in einen noch nicht fertigen Plattenbau.

Die interessante «Rauchküche» war einfach, aber zweckmäßig eingerichtet; man konnte hier mit Holz offenes Feuer machen, trocknen, kochen, braten und im Schornsteinabzug Fleisch räuchern.

Das Untergeschoß des Hauses, in dem man einigermaßen schlafen, wohnen und kochen konnte, war von den Staatsgut-Bediensteten bereits aufgeräumt und das Bett sauber gemacht. Hier sollte nun meine Bleibe sein! Die ruhig wirkende **Wohnstube** war immer noch mit alten beschädigten Bauernmöbeln spärlich eingerichtet; an den Wänden konnte man aber die helleren Flecken sehen, wo früher Bilder, Fotos und ein Kreuz gehangen hatten. Wie so viele, war auch dieses sudetendeutsche Haus von unbekannten „Besuchern" bereits ausgeräumt und teilweise geplündert, obwohl tschechische Anordnungen dies streng verboten haben. Das gesamte frühere deutsche Eigentum gehörte nämlich - nach den Beneš-Dekreten - dem tschechoslowakischen Staat.

*Der **Garten mit Nutzpflanzen** hinter dem Haus aus Weidenstetten/ Freilichtmuseum Beuren, erinnerte mich 2023 an mein Aufenthalt im ehemaligen Sudetenland 1963. **Regionale und typische «Ost»-Küchengerichte** sowie der Anbau von Gewürzen in eigenem Garten fehlten den deutschen Vertriebenen (neben vielen anderen Gewohnheiten) aus dem Osten in der neuen Heimat besonders! Als eine kleine Auswahl solcher Speisen kann man hier erwähnen: Sirup (Rübenkraut), Schlesische Kartoffelklöße, Salzgurken, Quark und Nudeln, Salbei, Mohnkuchen, Sauerkraut, Streusekuchen, Majoran und Kümmel, Knoblauch, Würste...*

Quelle: Die Bedeutung der heimatlichen Küche für Vertriebene. Projekt Kulturanthropologie, Prof. Dr. M. Matter und Stephanie Glagla, Universität Frankfurt/Main, 1995.

Auf der **großen Bühne** hat man nach und nach Verschiedenes abgestellt: einen Trog für Körner, ein Butterfass, einige gestapelte alte deutsche Zeitungen mit Todesanzeigen von gefallenen Soldaten, Säcke, Körbe, Siebe.… In einer Ecke war noch eine einfache Behelfsübernachtung wohnlich eingerichtet – wahrscheinlich für die «Alten». Einige hölzerne Kinderspielsachen lagen noch in einer anderen Ecke – anscheinend hatte die abgeschobene Familie W. bei der «Abreise ins Nirgendwo» auch Kinder.

Die Keller waren dunkel und trocken; einige Gegenstände standen dort so, in dem man sie vor 18 Jahren die Deutschen hinterlassen haben: ein leeres, von Spinnennetzen überzogenes Mostfass, einige Handgeräte und Schüsseln. Die **Regale,** in denen man die Vorräte für den Winter stapelte, waren auch noch vorhanden. Eine Besonderheit fiel sofort auf: damit eventuell die Mäuse nicht an die Käse- und Brotvorräte kommen konnten, wurden diese im einem Netz einfach an der Decke aufgehängt. Interessant waren auch die kleineren **Stallungen** im Hof; man konnte noch gut erkennen, dass dort früher Ziegen, Hühner und Kaninchen gehalten wurden.

Der kleine und teilweise mit Brenneseln und Unkraut überwachsener **Bauerngarten** hinter dem Haus – neben einem mächtigen Walnussbaum – war stark verwildert, deutete aber auf eine frühere Gemüse- und Gewürzselbstversorgung hin.

Alles in allem handelte es sich hier um ein typisches altes deutsches Bauernhaus «kleiner» Leute; hier wohnten und lebten bestimmt keine reichen Menschen oder glühende Nazi-Anhänger, sondern drei Generationen einer einfachen Bauernfamilie.

Dorf Bergen / Perna - hier: eine kleine Vorstellung über das Leben und Verwaltung eines damaligen Dorfes mit überwiegend deutscher Bevölkerung in der Tschechoslowakei 1936: **Bergen - tschech. Perna 1936**

Gemeinde mit 1046 Einwohnern, hievon 1000 Deutsche, 30 Tschechen und 10 Staats- fremde. Der Religion nach sind 1042 Katholiken, 1 Evangelischer, 1 Israelit und 2 sonsti- ge Bekenntnisse.
272 Häuser. Ausmaß 978 ha 94 a. Höhe über dem Meeresspiegel 240 m. Post-, Fernsprech- und Telegraphenamt in Unter Tannowitz.
Bürgermeister: Johann K rum pschm id , Stellv. Josef Hoffmann. Gemeinderäte: Paul Lammel, Johann Blach, Johann Zipfel, Jakob Führer . Gem eindeam t : Johann Zipfel - Sekretär, Josef Lang - Gemeindediener. Ortsschulausschuß: Obmann Josef Krumpschmid.
Pfarramt: Rat Karl Glanninger, Regens chori : Hubert Zbozinek, Meßner: Johann Engler.
Volksschule: 3klassig, Schulleiter Alois Pokorny, Anna Buska, Poldi Egner.
Genossenschaft: Spar- und Darlehenskasse, Milchgenossenschaft .
Vereine : Feuerwehr, , Gesangsverein, Deutscher Turnverein, Kulturverband...
<u>*Quelle:*</u> *Heimatbuch Bergen/ Südmähren (von Hans Axmann)*

An einigen Wochenenden hatte ich genügend Zeit, mich etwas zu «akklimatisieren» und auch in der Umgebung umzusehen. Gelegentlich drehte ich hier zu Fuß meine ersten Runden.

In dem Dörflein selbst war eigentlich nicht viel zu sehen. Einige bereits verfallene alte Wohngebäude, eine Scheune und eine alte Kneipe. Für die tschechische Staatsgutleitung hatte man bereits 1946 am Rande des Dorfplatzes ein größeres Haus mit Büros gebaut. Fast alles war so geblieben, wie vor etwa 18 Jahren, unmittelbar nach der Vertreibung; alles wirkte auf mich etwas gespenstisch. Etwas abseits der Ortsmitte stand ein kleines, sicherlich seit langem geschlossenes, katholisches **Kirchlein**.

Doch es war, wie ich bereits vom Istvan erfahren habe, spätestens nach der Macht- übernahme durch die Kommunisten im Jahre 1948 geschlossen worden. Baufällig, hieß es mit einem Augenzwinkern. Nachdem es nach einigen Jahren durch den morschen Dachstuhl hereingeregnet hatte, weinten die hundertjährigen handgeschnitzten Holzstatuen farbige Tränen. Die NEUSIEDLER *(Novousedlíci- so nannte man sie tschechisch)*, die nach 1945 aus Böhmen, Mähren, Schlesien und Slowakei hierher kamen, waren meistens katholisch – wie die vertriebenen deutschen Dorfbewohner! Wahrscheinlich deshalb blieb ein schönes altes Kreuz vor der Kirche unberührt stehen.

Anschließend ging ich zu dem benachbarten **uralten FRIED-HOF**: Das verrostete Tor war bereits zusammengefallen und die meisten Gräber waren durch ein grünes Dickicht bedeckt – ein Werk der Natur nach 18 Jahren, nachdem die letzten Deutschen das Haus, das Dorf, die Familiengräber und die Tschechoslowakei verlassen mussten. Doch die Inschriften auf den alten Grabsteinen und Mahnmalen waren noch lesbar – allesamt deutsche Namen.

Der alte Friedhof der Gemeinde Bergen/Perna bei meinem Besuch im Jahre 1990: uralte Gräber und deutsche Namen zeugten noch damals von der Geschichte und Menschen...

58

Seit Jahrhunderten lebten in diesem Dorf sicherlich Generationen deutscher Familien. *Traurig*, dachte ich.

In diesem Dorf war nun der Mittelpunkt meines Arbeits- und Privatlebens für die nächsten Monate, vielleicht auch Jahre...

- -

In den folgenden Wochen meines Einsatzes besichtigte ich mit. Istvan wochenlang die Abteilungen Hühner, Schweine und die riesigen Stallungen mit Milchkühen sowie Silage-Anlagen, eine Reparaturwerkstatt, das Verwaltungsgebäude und einen Fuhrpark mit Maschinen, bis ich die gesamte Logistik, die Aufgaben und Zuständigkeiten sowie die Mitarbeiter einigermaßen verstanden hatte. Es folgten weitere arbeitsreiche Wochen und Monate im Einsatz, denn vieles musste man geregelt, egeln, kontrolliert und dann entschieden werden. Nur an manchen Abenden und Wochenenden hatte ich frei. **Doch im Dorf selbst** war kaum war los – lediglich ein Konsum und die Gaststätte waren bis spät abends offen. Ein Bier konnte ich ein paarmal in dem nicht weit entfernten Franzensbad trinken. *(Anmerkung: Alleine Bierchen zu trinken und zu schweigen macht nicht besonders viel Spaß...)*

Doch eines Tages war die Einarbeitung zu Ende. Ich bekam ein Dienstmotorrad und war auf mich alleine gestellt. Eine kleine Geschichten aus dieser Zeit blieb aber bis heute in meinem Gedächtnis erhalten: Es war eine **TIERAUKTION**. Da wir in unserem Betrieb auch Bullen einer bekannten Rasse züchteten, nahmen wir regelmäßig mit unseren jungen Elite-Tieren an den jährlichen Auktionen in Cheb (Eger) teil. Den Auftrag, den besten Bullen vorzuführen (die Kommission, Versteigerer und eventuelle Käufer saßen dabei auf einer Art Tribüne), übernahm ich nur zu gerne.

Foto: Jan Josef Sneyd

Tierzucht oder Pflanzenzucht - das war damals die entscheidende spätere berufliche Frage…

60

Alle Augen richteten sich auf mich, nachdem ich stolz unseren Bullen auf einer Lederschnur in die «Arena» führte. Doch bald wurde klar, dass es anders laufen würde als gedacht und geplant.

Mein Bulle übernahm blitzschnell das Kommando und schleppte mich vor die Tribüne. Voller Angst vor einer Niederlage sammelte ich alle Kräfte, zog den Gurt um sein Hals fester zu und drückte stark. Das war für das Tier zu viel; zuerst sanken seine Vorderbeine, dann die hinteren zu Boden, der Bulle kippte auf den Boden, und weil ich die Schnur aus Angst nicht loslassen wollte, fiel ich ungeschickt auf ihn und blieb so liegen. Peinlich...*(Anmerkung Der Bulle wurde an jenem Tag nicht verkauft, und wir brachten ihn deshalb wieder zurück – bald wusste es leider JEDER Mitarbeiter und Arbeiter auf dem Staatsgut).*

Oft hatte ich damals – vor allem in den einsamen Nächten in dem stillen Haus - darüber nachgedacht, ob das schon alles war, ob mein «geistiges und physisches» Leben hier enden sollte... und war dann fest entschlossen, nach dem baldigen Militärpflichtdienst (für die Hochschul-Absolventen betrug sie nur ein Jahr) hierher nicht mehr zurückzukehren, zumal ich **mehr zur Pflanzenproduktion** neigte.

Doch wie sich viel später herausstellte, passierte gerade in dieser Zeit etwas für mich Unvergessliches, Ungewöhnliches und absolut Unerwartetes. Es war das **Lied über die unglückliche Mariane**, das ich an einem Abend in der Dorfkneipe hörte, ein Lied, das ich bis heute nicht vergessen habe. Dieses Lied war und blieb der absoluter Höhepunkt in diesem Lebensabschnitt...

Damaliger Personalausweis mit und für Eintragungen
z.B. von Beschäftigungsorten, Dauer...

Das war so:

Der Abend in der ehemaligen deutschen Kneipe i m Do r f K. in der Tschechoslowakeiim Jahr 1963 begann, wie so oft, mit Bier. Diese Teilregion im Nordwesten von Böhmen, wo auch Franzensbad liegt, gehörte bis Mai 1945 zum Gau Sudetenland und damit von 1938 bis 1945 zum Deutschen Reich.

Und ging weiter mit Bier. Es gab hier aber auch etwas typisch Böhmisches zu essen: Sülze mit Essig und Zwiebeln, gebratene Brotscheiben mit Knoblauch (Topinky), scharfe, Bratwürste mit Meerrettich und ausgezeichnetem Senf, Kartoffelpuffer und Presswurst mit roten Zwiebeln, Essig und Pfeffer. Das war alles, was man hier am Abend als Kultur bezeichnen konnte. Es gab in diesem langweiligen Dorf nur diese eine Kneipe. Und hier sollte ich nach dem Willen der Kommunistischen Partei für immer bleiben und leiden.

Ein **UKAZ für die Agrarabsolventen** der „Hochschule für Landwirtschaft Brünn" bestimmte seit drei Jahren, dass man nur an der amtlich zugewiesenen Arbeitsstelle arbeiten durfte. Die runtergekommene sozialistische und nach 1948 kollektivierte Landwirtschaft brauchte frische Fachkräfte. In meinem Personalausweis gab es dafür einen amtlichen Stempel mit der Bemerkung, dass außer dieser zugewiesenen Stelle auf dem Staatsgut K. keine andere in Frage käme. Und den Ausweis musste man damals bei einem anderen potenziellen Arbeitgeber bei der Personalstelle immer vor einer eventuellen Einstellung vorlegen!

An diesem merkwürdigen und unvergesslichen Abend hatte ich, wie so oft, mein Abendessen (Kartoffelsuppe und «Topinky») in der Dorfkneipe eingenommen. Gegenüber am Tisch saß der unattraktive oberste Veterinär und Abteilungsleiter Milousch –

Heute kaum vorstellbar: in den 1930-er Jahren war die Landwirtschaft stark unterentwickelt Es gab eine Million Pferde-, Ochsenund Kuhgespanne! Die Hälfte der Bevölkerung lebte auf dem Land..

64

42 Jahre alt, zusammen mit seiner schönen Frau Vera, 31 Jahre alt. *Nur der Oberste Teufel weiß, wie Milousch zu ihr gekommen war,* war man geneigt zu sagen, wenn man die beiden ungleichen Personen nebeneinandersitzen sah. Sie war einfach zu schön mit ihren tiefschwarzen Augen und roten runden Lippen, um diesem dicklichen, milden, gutmütigen und langweiligen Mann mit knolliger Nase für immer alleine zu gehören.

Die Gespräche vor, während und nach dem Bier drehten sich an unserem Tisch um alles Mögliche: Wer ist unfähig, krank, oft betrunken, wer tratscht und betrügt, was haben die Oberen wieder vermasselt, was gibt es mal wieder nicht zu kaufen, wie geht es den Kühen, Schweinen, der Maissilage, wie steht es um die aus Vitaminmangel erkrankten Hühner, wann kann man frisches Blut vom Schlachthof holen, ist die gebrochene Achse vom Zetor-Schlepper endlich repariert usw. usw. Für Außenstehende völlig uninteressant, doch diese Kneipe war für uns ein wichtiger Arbeits- und Lebensmittelpunkt. Denn von etwas muss man in jedem politischen Regime leben und den langen Arbeitstag am Abend irgendwie besprechen, auswerten und abschließen. Auch wenn es sich nur um ein belangloses, halb dienstliches Gespräch bei einem oder zwei Bier handelte...

Es war ein wirklich riesiges Staatsgut, auf dem ich per «Dekret» gelandet war. Mehrere tausend Hektar groß. Im ehemaligen Sudetenland. Aus verstaatlichen deutschen Kleinbetrieben, Farmen, Aussiedlerhöfen und Höfen nach 1948 «zusammengeschustert». Alles, was die Sudetendeutschen mit Fleiß über Jahrhunderte aufgebaut hatten - Ackerland, fruchtbares Land, artenreiche Wiesen und Weiden, Wälder, Firmen, Häuser, Wohnungen, Mobiliar, Ställe... alles, aber wirklich alles gehörte nun dem tschechoslo-

SUDETEN LAND

Wunderschöne Kolonnade/Brunnenhalle in Marienbad

wakischen Staat. Auch die zahlreichen schönen Städte wie **Marienbad** sowie Dörfer und Betriebe wurden nun nach und nach auf Tschechisch umbenannt und mit Tschechen besiedelt.

Draußen dämmerte es bereits. In der Gaststätte hatte sich allmählich und schleichend etwas verändert. Nicht nur die verrauchte Luft, jetzt war auch die Geräuschkulisse irgendwie anders. Etwas Unheimliches und Unerwartetes lag in der abendlichen Dämmerung. *So ähnlich ist es öfters vor einem Erdbeben – dachte ich – oder vor einem Tsunami, vor einer Scheidung oder vor einer fristlosen Kündigung.* Nichts zu hören, nichts zu sehen, doch es kommt, egal was man macht, plant, wünscht, erwartet oder dachte. So war es auch diesmal: Der Veterinär Milousch, der hierher vor mehreren Jahren aus Südmähren gekommen war, begann nämlich völlig unerwartet und ohne sichtbaren Grund ganz leise und zunächst fast unbemerkt zu schluchzen. Er legte dabei seine geschwollenen, innen verhärteten massiven Hände auf den nassen schweren Eichenholztisch, betrachtete sie kurz mit traurigem Gesicht, holte dann pfeifend Luft und sagte mit einer weichen, weinenden und leisen Stimme zu mir: *Jeníčku ….*

– (eine liebevolle tschechische Verkleinerung meines Vornamen Jan, die man aber nur dann verwendet, wenn man jemanden mag, und besonders nett zu ihm sein möchte) :Jeníčku (tschechisch ausgesprochen: Jenietschku)-siehst du diese Hände? Mehr als 70 Kälber habe ich mit ihnen zur Welt gebracht, manche im Mutterleib umgedreht, damit sie nicht elend sterben, manche mit Seil und Muskelkraft herausgezogen, mit Stroh gesäubert, abgetrocknet und an das Euter der Mutterkuh...

Und wie war das Leben im Jahre 1963 für nicht an das politische System «angepasste» Bürger?

Das Leben im "Sozialismus" war damals schon schwierig. Hier ein Beispiel: ein unschuldiger Kollege Ing. F. hat die ČSSR verlassen, um im Westen frei zu leben. Damit ist er für die STASI "Flüchtling" und wird in Abwesenheit (!) zu 2 Jahren Gefängnis verurteilt…(s. unten):

Tschechoslowakische sozialistische Republik (Nr. 280)
Urteil im Namen der Republik

Nur: die Regie führt die STASI!
Das Regionalgericht in C.B.
bekommt die Anklageschrift MIT
Begründung, Anlagen und die An-
weisung "2 Jahre ohne Bewährung"
direkt geliefert!

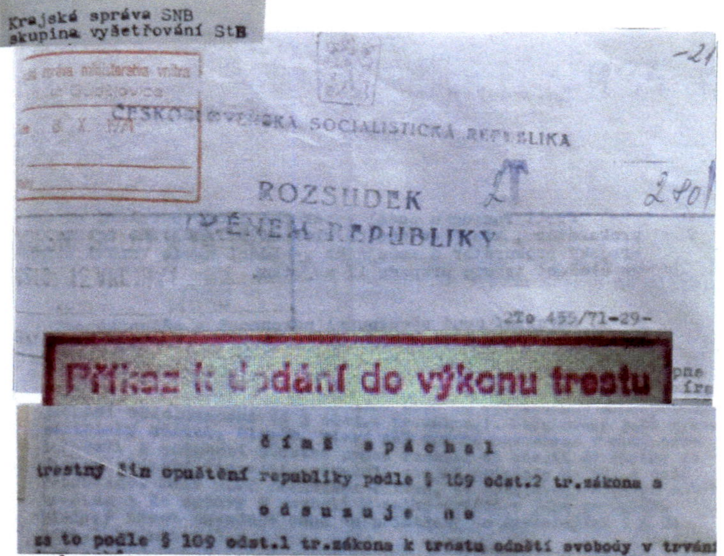

(Stempel von Innenministerium, zivilem Kreisgericht und der STASI)

...gelegt. Das Erste, was sie dann auf dieser Welt gesehen haben, war das Licht der Welt und mich. Mich! Mehr als 70 waren es. Dann begann Milousch richtig zu weinen.

Das war aber nur ein Vorspiel: Seine Tränen tropften auf den Bierschaum und den schweren Tisch aus hundertjähriger deutscher Eiche, auf dem sich die Brotreste mit Senf, Saumagen, Knoblauch, stinkende und qualmende Zigarettenstummeln sammelten. Die attraktive Ehefrau Věra, die neben ihm saß, lehnte sich liebevoll an seine starke, verfettete und verschwitzte Schulter und streichelte tröstend seine geschwollenen Hände, um ihn zu beruhigen.

Mit diesen Händen...meine Kalbskinder...meine Mäulchen...meine Kinderchen... wiederholte Milousch weinerlich, dann stand er langsam auf, hob seinen schweren Bierkrug mit einem halben Liter Bier und verkündete laut seine persönliche Botschaft: *Es sollen alle, aber alle hier Anwesende lange leben, richtig schuften und malochen an diesem verfluchten Ort, bis sie umfallen!* **PROST!** *(Na zdravi!).*

Alle Anwesenden hoben solidarisch ihre Krüge hoch (einige hielten sie bloß zwischen dem kleinen und dem Ringfinger am Henkel) und riefen begeistert: **PROST!** *Auf die Gesundheit und ein langes Leben hinter unserem „Eisernen Vorhang"...hier kommt keiner rein!*, proklamierte Milousch. *Und auch nicht raus!*, ergänzte ich leise...
(Anmerkung: Der Eiserne Vorhang... so nannte man im Volksmund die mit elektrischem Draht abgesicherte Staatsgrenze zu Deutschland und Österreich.. Bereits einige Kilometer vor der Grenze standen dort Schilder mit Warnung: Verbotene Zone!).

Original der Ersterscheinung des Mariano-Liedes...

70

In der Kneipe war es inzwischen so laut, dass bei der nächsten Runde niemand meine nächste dumme Bemerkung: *Auch die Kälber sollen lange gesund leben...* hörte. Doch dann ging es aber richtig los. Nach einer weiteren Bierrunde für alle, kombiniert mit einem Panák (Rum), stand Milousch erneut von seinem Stuhl auf. Er legte die linke Hand auf seinen Kopf mit den verschwitzten, ungekämmten, nach Kuhstall riechenden Haaren und die rechte auf die Schulter seiner Ehefrau. Dann begann er mit überraschend hoher und schöner Kastratenstimme klar und deutlich das **Lied vom Leiden und der Not** der schönen, aber unglücklichen Bartänzerin Mariane zu singen:

> *In der Hafenkneipe tanzte sie*
> *und alle Männer betörte sie,*
> *doch nur einen einzigen Seemann*
> *hat sie wirklich geliebt...*
> *Es war ihr altes Recht,*
> *denn jeder Seemann gehörte ihr -*
> *wenn aber im Morgengrauen*
> *ihre Kräfte nachließen,*
> *dann sprach der Seemann leise zu ihr...*

Ich bekam einen leichten **Schüttelfrost** und versuchte verzweifelt die Worte dieses traurigen Liedes für immer im Gedächtnis zu behalten. Ich war an diesem Abend Zeuge von etwas Besonderem, fast Außerirdischem und Himmlischem geworden. So ein trauriges tschechisches Lied von diesem angetrunkenen Mann mit roten Backen hier, in diesem ehemaligen deutschen Dorf zu hören, war

MARIANO.

Trampska pisen a tango.

Slova: VILDA SÝKORA.

Hudba: ALOIS AUST.

Tempo di Tango.

Copyright 1933 by Ferry Kova.Hk, Praha.
Nakladatel Ferry Kovarik, Praha I., Karlova 12.

einfach unerwartet und unglaublich. Sinnlich und stark klang das slawische Mariano-Lied....

***Gleich wird die Welt untergehen**, mehr gibt es nicht,* dachte ich.

Doch das war ein Irrtum: Es folgte eine Steigerung. Nun kam der traurige Refrain des Liedes. Zu der hohen, klaren Kastratenstimme von Milousch gesellte sich nun unaufdringlich, fast unbemerkt, aber harmonisch die tiefe weibliche, warme, fast göttlich starke **Baritonstimme** seiner Ehefrau:

Mariano, noch bevor die Sterne

verblassen, sag mir bitte, warum

Du so unglücklich bist – lass mich

noch eine Weile bei Dir sein,

gerne möchte ich Teil Deines Leidens

sein, nur sag mir Mariano, sag mir

warum Du so unglücklich bist,

noch bevor der helle Morgen kommt –

M a r i a n o ....

Die Stimmen der beiden, voller Tränen, Leid und Leidenschaft, Sehnsucht und Schmerz trafen manche Anwesende - obwohl sie aus verschiedenen Regionen von Böhmen und Mähren kamen - direkt ins Knochenmark und in die Seele. Das Duo dieser beiden wunderbaren Menschen, die in diesem heruntergekommenen Kaff ihr Lebensglück gefunden haben, war nicht von dieser Welt. Es war das schönste und stärkste tschechische Lied, dass ich bis dahin gehört hatte; es war wie ein Pfeil ins

*... so könnte die «Hütte» von der unglücklichen
Mariane ausgesehen haben...*

Herz. Ich hatte vorher wirklich nicht gewusst, dass ein Lied SO kraftvollwirken kann, dass es alles andere auf dieser Welt für einen Augenblick vergessen lässt – wie eine unheimlich starke Droge.

Wenn es je eine außergewöhnliche Kultur gab, dann wurde sie hier und heute gelebt, dachte ich. Und ICH war dabei, ich mit tränenden Augen und Gedanken an die unglücklichen, vertriebenen Menschen, die hier früher gelebt haben und am Stammtisch jeden Abend saßen. Und die nächste Strophe ertönte:

> *Nach Jahren kommt endlich die Zeit,*
> *wo endlich der Seemann zurückkehrt, zurück*
> *zu seiner goldenen Mariano,*
> *die er wie am ersten Tag liebt...*
> *Doch Mariano, sein Liebestraum,*
> *liegt alleine in einer Holzhütte*
> *hinter der Stadt...*
> *wo blass sie flüstert vom verlorenen Glück,*
> *doch der Seemann spricht mit Schmerz zu ihr...*

In der Kneipe regte sich keiner der Anwesenden – die meisten waren Männer. Sie alle hielten inne: darunter Tschechen sowie ukrainisch sprechende Russinnen aus der östlichsten Slowakei, zwei entlassene politische Häftlinge, einige Roma, die sich hier selbst Zigeuner nannten, ein strafversetzter Bahnpolizist aus Prag, mehrere nicht nur ungarisch, polnisch und ukrainisch, sondern auch tschechisch sprechende Menschen, gescheiterte Existenzen, griechische Flüchtlinge, die in der ČSR nach dem blutigen Bürgerkrieg Asyl erhalten hatten, zwangsversetzte Personen

Die Geschichte der Besiedlung der grenznahen böhmischen und mährischen Gebiete reicht Jahrhunderte zurück... Davon zeugen auch uralte Kirchenbücher - hier ein Beispiel der Familie Wolff (freigegeben durch das Mährische Archiv).

Wie ich , Juraj - der Kriegsdienstverweigerer, und ein vom Staatsdienst suspendierter ehemaliger Sozialdemokrat. All diese unterschiedlichen Menschen lebten und arbeiteten nun hier im verlassenen ehemaligen Sudetenland (nun «Pohraniči = Grenzland»), aber als Sieger des Zweiten Weltkrieges, welches mit der gewaltsamen Vertreibung der Sudetendeutschen endete, fühlten sie sich hier auch nach Jahren nicht heimisch – denn dieses Land war für sie immer noch fremd.

Sie alle waren das «Produkt» der sogenannten «Neubesiedlung» der unzähligen verlassenen deutschen Dörfer und Städte. Es war eine unglaubliche Mischung von Menschen aus verschiedenen Gebieten der Tschechoslowakei, die die tschechische Regierung hier um jeden Preis ansiedeln wollte. Man brauchte dringend Arbeitskräfte, denn die Millionen Deutscher, welche diese Gebiete **ab dem 12 Jahrhundert bis 1945** *besiedelten, Städte wie Karlsbad, Marienbad und Franzensbad erbaut, Äcker, Wälder und Wiesen bewirtschaftet, Glas- und Bergindustrie entwickelt und Betriebe gegründet hatten – das alles interessierte aber jetzt, im Jahre 1963, niemanden mehr.*

...und das Mariane-Lied ging immer weiter und näherte sich dem **HÖHEPUNKT**. Selbst diejenigen, die gerade auf dem Weg zur stark gechlorten Toilette im Hof waren, blieben stehen, hörten zu und spürten, dass hier, an diesem Abend etwas Großartiges und Unwiederholbares geschah. Das tschechische Lied von der unglücklichen Tänzerin Mariane – **das Lied von ihrem Leid und Leiden** war einfach überwältigend – es war der

Himmel auf Erden....

Q-wie S.66

Ma - ri - a - no, řek - ni mí proč jsi nešťastnou, dří - ve než při - jde
zá - ři - vé rá - no, Ma - ri - a - no.
no.

78

Meine Tränen tropften ununterbrochen auf den dreckigen Eichentisch und ich dachte, ich möchte am liebsten sterben. Jetzt und sofort. Denn mein Leben hatte in diesen Minuten seinen absoluten Höhepunkt erreicht. Mehr gibt es auf dieser Welt nicht – schrie mein Herz und es tat weh. Die überirdische Botschaft der männlichen Kastraten- und der weiblichen Baritonstimme war gewaltig. Und jetzt kam noch einmal der **Refrain**:

Mariano, noch bevor die Sterne
verblassen, sag mir bitte, warum
Du so unglücklich bist – lass mich
noch eine Weile bei Dir sein,
gerne möchte ich Teil Deines Leidens
sein, nur sag mir Mariano, sag mir
warum Du so unglücklich bist,
noch bevor der strahlende Morgen kommt
Ma r i a a n o o o o......

Ich zitterte fieberhaft am ganzen Körper und konnte es nicht stoppen… Das war das bisher höchste emotionale Erlebnis in meinem Leben. Das waren Sekunden, in denen die verwesten Toten erwachen, aus den Gräbern steigen und verzweifelt rufen:

Großer Gott, erbarme Dich…

Regenbogen als Zeichen der Hoffnung;

Zeichnung von Jana Sneyd

Damit war das Lied zu Ende. Einige Sekunden danach herrschte Stille. Dann brach ein Sturm aus: die Besucher klatschten, jubelten, brüllten, pfiffen und bestellten weitere Bierrunden, Topinky und stinkende Olmützer Quargeln. Das entstandene Durcheinander war perfekt und kaum jemand wusste, was man bestellt, bekommen, gegessen, getrunken oder bezahlt hatte. Unterdessen schluchzte und weinte der gutmütige Veterinär Milousch ohne Unterlass. Das Leben hatte plötzlich auch hier, in dieser trostlosen Pampa, einen Sinn! Seine attraktive Ehefrau tröstete ihn mit ihrer tiefen und erotischen Stimme: *Freunde…ewig…Liebe… Schuld…verzeih…Deine…ACH……..*

Und ich wusste und fühlte im Herz und Hirn, dass ich mit dem Lied über die unglückliche Mariane den HÖHEPUNKT in diesem «Lebensabschnitt Sudetenland» erlebte… *Es war:*

**EIN LIED bei dem sich menschliche Herzen öffnen,

ein Lied, bei dem der Schmerz nicht mehr weh tut,

ein Lied, bei dem der Saft spritzt und die

Stahlkugel sich ins weiche Hirn bohrt,

ein Lied, dass man sich wünscht,

wenn man an das Ende eigener

Mutterstraße angekommen ist

und dort auf die Ewigkeit

wartet…

AMEN**

ODSUN - TRANSFER

Kollektivschuld... (?) (s. Bildquellen)

Am 20.11.1945 legten die alliierten Siegermächte im Vollzug des Artikels XIII des Schlussprotokolls der Konferenz von Potsdam die geordnete Zwangsaussiedlung („human transfer") von 6,5 Millionen Deutschen aus Ostmitteleuropa fest. Davon waren 2,1 Millionen Sudetendeutsche betroffen. Zwei Drittel kamen in die US-amerikanische, ein Drittel in die sowjetische Besatzungszone.

Q1

Q8

Von diesem Erlebnis und vom Bier berauscht, stinkend vom Knoblauch und vollgepumpt mit immunisierenden Biergerbstoffen, stolperte ich zu meinem provisorischen Quartier in dem verlassenen dunklen deutschen Bauernhaus. Obwohl die Atmosphäre in dem Haus ziemlich bedrückend war *(vor allem wenn man sich das tragische Schicksal der vertriebenen Bewohner vorstellte)* und ich deshalb jede Nacht schlimme Träume hatte, blieb ich hier bis zu meiner Abreise wohnen. Vielleicht deshalb, weil ich mich doch irgendwie als Gast fühlte und nicht die Absicht hatte, hier – in diesem fremden Haus - für immer zu bleiben…

Der Geruch der armen, nach 1945 vertriebenen Menschen, die vorher wahrscheinlich auch die Hausschlüssel abgeben mussten, lag auch an diesem unvergesslichen Abend immer noch in der etwas stickigen Zimmerluft. Die meisten Sudetendeutschen hatten leider gehorsame Söhne, die auf Befehl aus Berlin in den Krieg zogen und dann – in fremden Ländern – auf völlig unbekannte Menschen schießen mussten… und dafür mussten später ihre Familienangehörige – egal ob sie unschuldig oder schuldig waren, Kinder, Zwangseinberufene, Freiwillige, Alte, Rentner, Behinderte oder einfache Mitläufer des Nazi-Regimes waren, leiden. Bitter leiden. Ihre Abschiebung nur mit dem, was sie selber tragen konnten, war schrecklich und oft unmenschlich. Gehasst und auf den Fußmärschen zu den Grenzen der Nachbarstaaten wurden sie von der tschechischen Bevölkerung, die in den sechs Jahren deutscher Okkupation mit häufigen Repressalien voller Angst lebte, beschimpft, geschlagen und öfters am Leben bedroht:

KOLLEKTIVSCHULD ! – hieß es.

Nach dem offiziellen Abschluss der Vertreibung Ende 1946 blieben zunächst 230000 staatenlose Deutsche als Fachkräfte insbesondere in der Glasindustrie und im Bergbau mit ihren Angehörigen im Land. Ihre Anzahl sank durch Familienzusammenführungen bis 1951 auf 160000. Zur gleichen Zeit wurde ein großer Teil dieser verbliebenen Deutschen (Heimatverbliebene) innerhalb Böhmens, Mährens und Schlesiens umgesiedelt und im Land zerstreut.

Q1

Das tschechoslowakische Lagersystem

Dieses Lagersystem bestand aus: 1215 Internierungslagern, 846 Arbeitslagern, 215 Spezialgefängnissen.
350.000 Deutsche waren vor ihrer Vertreibung hier interniert und mussten Zwangsarbeit leisten.
In allen Lagern herrschten Hunger, physische Gewalt gegen Deutsche aller Altersstufen, auch gegen Säuglinge, Kinder, Frauen und Greise, völlig unzureichende hygienische Verhältnisse, mangelnde medizinische Versorgung, hohe Sterblichkeit, Zwangsarbeit.

Alle Sudetendeutschen ab 6 Jahre mussten eine Armbinde oder einen Aufnäher mit einem schwarzen „N" (Němec = Deutscher) tragen. Offiziell hatten Männer zwischen dem 14. und 60. Lebensjahr und Frauen zwischen dem 15. und 50. Lebensjahr Zwangsarbeit zu leisten. An mehreren Orten kam es zu Massakern an Deutschen und zu Todesmärschen.

UND nach der Vertreibung war es in den neuen «sicheren» Ländern kaum besser: Nirgendwo waren die Flüchtlinge willkommen! Auch nicht im benachbarten deutschen und österreichischen Land, zu dem sie jahrelang gehörten und für den ihre Familienangehörigen gelitten hatten und öfters auch gestorben waren.

- - - - - - - - - - - - - - - - - -

Die langjährigen FOLGEN der im Jahr 1945 ersten wilden und auch der später staatlich organisierten VERTREIBUNGEN waren oft unvorstellbar hart und traurig:

Es gab Menschen, die wussten, dass sie nirgendwo auf dieser Welt willkommen waren.

Es gab Menschen, die dem Druck und Belastung nicht trotzen konnten und lieber erschöpft starben.

Es gab Menschen, die fest glaubten, das Ganze sei nur ein Traum und irgendwann würde man doch zurückkommen – in das vor Jahrhunderten gebaute Haus, zu Dorf, Feld, Wiese, Wald, zu eigener Kultur, Bräuchen und gewohnter sozialen Umgebung, zu den Gräbern der Vorfahren… **«Glück»** hatten die, die noch rechtzeitig in den Westen und Süden flüchten konnten, weg vor der Rache der Tschechen und Soldaten der Sowjetarmee. Die schreckliche Wahrheit über die deutschen Konzentrations- und Vernichtungslager verbreitete sich nach der Befreiung der Vernichtungslager wie Auschwitz rasenschnell.

Die Wirklichkeit der Vertreibung war für alle Deutsche rau und brutal: **nie** wieder in die alte Kirche gehen, **nie** wieder im Wald Holz machen und Pilze sammeln, **nie** wieder Katze, Hund, Ziege und Kuh füttern, **nie** wieder Walnüsse, Äpfel und Kastanien…

...nie wieder spielende Kinder auf der Wiese und im Hof sehen und hören...

Auch der Ausstellungsteil «PACKEN *– was konnten die Vertriebenen mitnehmen können?» im* <u>*Sudetendeutschen Museum München*</u> *ist sehenswert!*

…pflücken, **nie** wieder Tee aus Salbeiblättern machen, **nie** wieder den Weihnachtsbaum aufstellen, **nie** wieder Kinder zur Schule begleiten, **nie** wieder sie hier glücklich heranwachsen zu sehen…

Man fragte sich oft: Was hinterlässt man in einem Haus, das man nie wieder betreten darf? Vielleicht eine Nachricht für den Sohn oder Ehemann liegen zu lassen, falls sie aus der Gefangenschaft hierherkommen? Darf man den Schlüssel vom Haus mitnehmen? Wer füttert die Ziegen, Schafen, Kühe und Hühner, wer erntet die Äpfel und pflückt die Blumen? Es gab keine Antworten:

Es war eine APOKALYPSE…

Doch alle diese Gedanken und Überlegungen hatten – nach den Anordnungen der tschechischen Ortsbehörden, das Haus möglichst bald zu verlassen und sich zu einem Sammelort begeben - keinen Sinn: Das Einzige, was zählte, war nur noch das **PACKEN!** Ab jetzt ging es nur um nacktes Überleben…

<u>Aber</u>: Was nimmt man mit, wenn nur 25 kg, vielleicht 40 kg erlaubt sind…? Da kommen schon Gewichte zusammen, auch wenn man nur das Nötigste und Notwendigste mitnimmt! Also: erstmal Essen und Trinken einpacken, dann die Kleidung auswählen, Dokumente, tschechisches Geld, Reichsmark, Sparbücher, Hauspapiere, Bilder, Fotos, Zeugnisse, Zahnbürste, Decken, Versicherung- und Rentenpapiere, Medikamente, Schmuck, Kreuz, Bibel… es war viel zu tun und die Zeit lief unerbittlich schnell.

Denn die Sieger kannten keine Gnade – ALLE Deutsche sollten die angebliche Schuld für den angezettelten Zweiten Weltkrieg mit mehr als 60 Millionen Toten Soldaten und Zivilisten übernehmen und für alles Böse büßen. Auch die, die nur zu den passiven Mitläufern…

Doch bereits im Mai 1945 *war ALLES, aber ALLES, was sie aufgebaut haben, verloren. Alles verloren...*

…zählten, auch die, die keine direkte Schuld und Mitwirkung an dem ganzen bösen Geschehen im Krieg hatten, Kinder, Alte, Gebrechliche… Sie ALLE sollten gehen und nie wieder zurückkommen,.nie wieder **Sonnenaufgang** im Wald und - **Untergang** am Fluß zu sehen. Die Folgen waren schlimm: getrennte Familien, Verlust der angestammten Heimat und damit der eigenen Wurzeln, Verlust der sozialen Umgebung und der Schule für die Kinder, der Verlust von allem, was man besaß…

<u>Es war eine Katastrophe!</u>

Eigentlich war man froh, wenn man wenigstens das eigene nackte Leben und das Leben der Familienangehörigen retten konnte… **Kollektivschuld,** hieß es immer wieder. Und so kam es schließlich dazu, dass Ende 1946 auch im Sudetenland und in den Städten wie Brünn, Prag, Olmütz, Eger… kaum ein Deutscher lebte:

Weg waren sie, für immer, und Gott sah untätig zu.

Die folgenden Monate in meinem Arbeitseinsatz vergingen schnell. Dann kam endlich die erlösende Nachrichte: ein **Telegramm** mit Einberufung zum einjährigen Militärdienst in der tschechoslowakischen Armee. Ich sollte mich in einigen Tagen in der Kaserne der mährischen Stadt Lipnik melden. Und so bereitete ich mich auf die Abreise vor. Nur noch einmal schlafen und dann wäre dieser kurze Lebensabschnitt zu Ende. Nicht mehr Schlimmes träumen, nicht mehr alleine schweißgebadet in dem Bauernhaus aufwachen, nicht mehr am alten Friedhof und an der geschlossenen Kirche vorbeigehen müssen. Der **Lebensabschnitt Sudetenland** war zu Ende.

<u>Nur noch eine Übernachtung, nur noch WEG von hier!</u>

Sudetenland ohne Sudetendeutsche

Doch dann, in der letzten Nacht in dem leeren Bauernhaus, kam mitten in der Nacht die tiefste **Depression**, eine solche, die ich mir vorher nicht vorstellen konnte; eine Depression, die ich bis dahin nie erlebt hatte. Denn die Alpträume über die unbarmher- zigen Schicksale auch «meiner» Bauernfamilie während und nach der Vertreibung aus ihrem Haus und ihrer angestammten Heimat waren unerträglich. Ich hörte im Halbschlaf Klagen der armen Menschen, ich dachte, ich befinde mich im freien Fall und wartete auf den Aufprall auf den harten Boden, ich hörte die weinende Stimme eines Kindes, die sich an mich richtete:

W A R U M ?

fragte es. Es war die atemlose Hölle und ich fand keine Antwort; denn es war der T I E F P U N K T in meinem Leben im «Lebensabschnitt Sudetenland».

=============================

So stand ich am nächsten Frühmorgen – unausgeschlafen und mit starken Kopfschmerzen – auf der Ausfallstraße hinter dem Dorf K. und wartete auf eine Mitnahme per Autostopp, denn:

Die MUTTERSTRASSE - mein Schicksal - hatte gerufen…
Der «Lebensabschnitt Sudetenland» war endlich Vergangenheit!
Und dann alles vergessen? **Ach nein, nein…**

Doch nur der liebste und mächtigste Gott wusste an diesem Morgen, dass ich den Aufenthalt im ehemaligen Sudetenland und die Alpträume in dem Haus der vertriebenen sudetendeutscher Familie W. im Gedächtnis und Herzen ewig behalten werde. Nur ER wusste, dass ich den damaligen TIEFPUNKT sowie den erlebten HÖHEPUNKT durch das traurige Mariane-Lied in der Kneipe im Dorf K. nie vergessen würde.

Vom Flüchtling zum Professor

Ein Survivalbuch über Pflanzenzüchtung, die Mutterstraße und das pralle Leben

Ein junger Agraringenieur, Kriegsdienstverweigerer und Träumer, flüchtet nach dem gescheiterten Prager Frühling 1968 aus der Tschechoslowakischen sozialistischen Republik. Seine „Mutterstraße" führt ihn über Österreich nach Deutschland. In den Augen der Tschechoslowakischen Geheimpolizei (StB) eine Straftat, die mit Gefängnis geahndet wird. Bis 1989, der „Samtenen Revolution" und damit dem Ende des Sozialismus, bleibt er im Visier der Behörden.

Nach Jahren als Doktorand führt ihn sein Weg als staatenloser Pflanzenzüchter schließlich ins tiefste Anatolien. Die Nutzpflanzen sind inzwischen nicht nur sein Beruf, sondern auch seine Leidenschaft. Es folgen die Einbürgerung als Deutscher und Ausbürgerung als Tschechoslowake, sowie die Berufung als Professor an eine deutsche Hochschule.

Bis heute schreibt er Fachartikel und Bücher und rettet mittlerweile uralte Getreidesorten vor dem Aussterben.

25,00€ (D) 35,50 CHF

Und nur ER wusste schon damals, dass auch ich in nur fünf weiteren Jahren – nach der **Besetzung der Tschechoslowakei am 21.8.1968** durch die Armeen des Warschauer Paktes, angeführt von der Sowjetunion – zum Flüchtling, zum Vertriebenen und zum

EMIGRANT 1968 (siehe Buch BoD Verlag, 2022) werden sollte.

Im Morgengrauen kamen sie – uns um das bißchen Freiheit, welche wir in der Tschechoslowakei ab Frühling 1968 endlich erlebten, zu nehmen. Und das war das endgültige AUS, das war das

ENDE des „PRAGER FRÜHLING 1968"

Und wie ich, ging auch mein bester Freund Rudolf weg, für immer weg, und ich sollte ihn nie wieder sehen – unsere MUTTERSTRASSEN haben sich leider für immer getrennt.

Und wie ging es nach der Flucht im Jahre 1968 weiter?
Wohin führte mich meine «Mutterstraße»?

Herrn
Jan Sneyd
geboren am 23. April   in Zlín/Tschechoslowakei

den Grad eines

Doktors der Landwirtschaft

zum

Professor

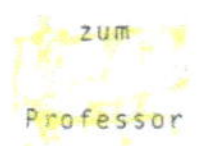

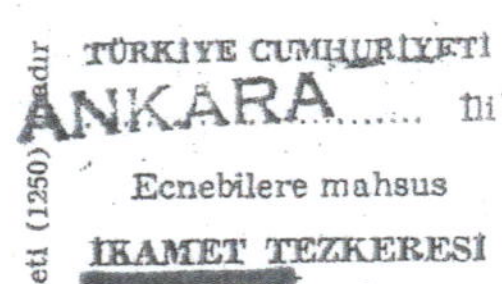

URKUNDE

Az.: CSR   14.5

M E M O R A N D U M

AMBASADA — N.
Krycí jméno

BUNDESAMT
für die Anerkennung
ausländischer Flüchtlinge

Az.: CSR   14.590

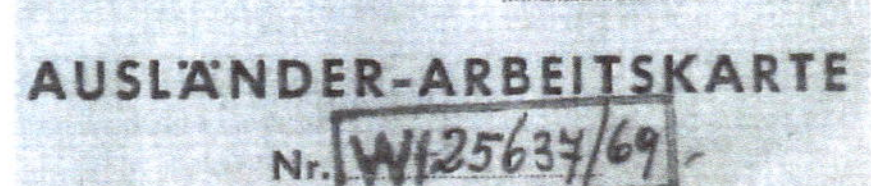

Einbürgerungsurkunde

Ein Nürtinger Wissenschaftler als Pionier bei der Erhaltung bedrohter Nutzpflanzen

Die Arche Noah des Professors Jan Sneyd

Weltweit besinnt man sich erst allmählich auf die zunehmende Wichtigkeit der Genvielfalt

JUSTUS-LIEBIG-UNIVERSITÄT GIESSEN
Studien-Bescheinigung

FORSCHUNGSSTELLE VON SENGBUSCH
GMBH

29920
Registrační číslo

    Einbürgerungsurkunde

Und so wurde ich nach meiner Flucht über Österreich nach Deutschland FLÜCHTLING, HILFSMONTEUR, STAATENLOSER, anerkannter VERTRIEBENER, DOKTORAND, PFLANZENZÜCHTER, Technischer DIREKTOR und schließlich PROFESSOR an einer deutschen Hochschule.

<u>SO WAR DAS!</u>

2023 besichtigte ich wieder Dorf Bergen/ Perna. Vieles hat sich hier verändert; die Häuser und die Kirche wurden von Tschechen renoviert und auf dem alten Friedhof – **78 Jahre nach der Vertreibung!** – stand nur noch ein letztes deutsches Grabstein! Weg waren die Deutschen – aber die Erinnerung lebte in Deutschland weiter! Ich traf eine *junge, unvorbelastete tschechische Generation, man war als Gast willkommen*.

Unter Beachtung von: Fair Use/Liz.-frei –freeworld-Verwendung zum Bildungs und Ausbildungszweck/gemeinnütliches Zweck…

Q1 https://www.sudetendeutsches-museum.de /16/18/28/30/32/42/44/46/82/84/86/.-----Q2 Archiv CSR/Enzyklop. Karte (+weiter Q unbek.) /+ Fair Use 10/ 20—Q3.Sudeten-dt. Archiv -Covervorlage -Karte CR+Su-land +Protektorat/ Q4.www.Böhmen/Mähren-Briefmarken/ Zlin 7/24/28/30 Q5 Freilichtmuseum 72660 Beuren 40/50/52/54 —Q6 Heimatbuch Bergen /Hans Axmann 1997 /56/58/96-----Q7 Buch: Auf deutscher Scholle/ v. der Nordmark/1935/64-----------------Q8. http://commons.wikimedia.org/wiki/File:Sudeten Germans.jpg 82.........**Q8b**.Tschechoslowakei //archive.org. Dt.Verlag Karte+free Lizenz 16/38--- Q9 Bund der Vertriebenen / BdV Bonn/ Charta der deutschen Vertriebenen /49/100 Q10. Kronjuwelen Prag -K.Pacovsky, 15.5.2016- htps //commons.wikimedia.org /24----**Q11**. Spiegel 6/2023 Verlorene Heimat 36

Jan Josef Sneyd / 60/66 oben/78// Patrik Sneyd Cover/ S.46- **Die Sudetendeutschen und ihre Heimat**, ISBN 3-928415-00-x Stifttung ---**Haus der Geschichte** der Bundesrepublik Deutschland

https://www.bund-der-vertriebenen.de/ https://www.sudeten-bayreuth.de/Sudetenland------/https://de.wikipedia.org/wiki/Sudetenland--------------https://de.wikipedia.org/wiki/M%C3%BCnchner_Abkommen---------https://de.wikipedia.org/wiki/Sudetendeutsche_Landsmannschaft Vertreibung_der_Deutschen aus der_Tschechoslowakei   …Karte Tschechien/freeworld/ Lizenzfrei pdf/ Seite 100

*…**Beuren:** Ein Stein aus der alten Heimat …*

…und das ist alles, meine lieben Enkelinnen und Lesernnen; mehr kann ich Euch heute nicht geben...

Eine Aufnahme aus dem Jahre 1968 - *damals - an dieser
Stelle meiner «Mutterstrasse» - fiel die folgenschwere
Entscheidung, von «Bystřičky» in das ehemalige Sudeten-
land (Grenzgebiet) zu dem zugewiesenen Statsgut fahren...*

... doch nur so konnte diese kleine Geschichte entstehen ...

Karte von Tschechien (Fair Use), www.freeworldmaps.net.de

E N D E

Der Staat «Tschechische Republik» (Česká republika, Česko, ČR) – seit 1993 ohne die Slowakei – mit der Hauptstadt Prag besteht heute aus 14 Regionen (Kraje). Hier leben heute ca 11 Millionen Einwohner (überwiegend Tschechen und Mähren) mit 0,4 Millionen Menschen anderer Nationalität; darunter nur etwa 16.000 Deutsche. ČR ist heute NATO – und EU-Mitglied! Die Basis hierfür wurde bereits im August 1950 durch die CHARTA der Heimatvertriebenen mit - u.a. – einem Aufruf für ein freies und geeintes Europa geschaffen (BdV Bonn).